爱要大声说出来

说出来 要大声

叶德元 /著/

——叶德元班级系列活动精选

AI

YAO

DASHENG

SHUO

CHULAI

四川大学出版社

责任编辑:曾　鑫
责任校对:孙滨蓉
封面设计:墨创文化
责任印制:王　炜

图书在版编目(CIP)数据

爱要大声说出来 / 叶德元著. —成都：四川大学
出版社，2017.12 (2023.9 重印)
　ISBN 978-7-5690-1432-7

　Ⅰ.①爱…　Ⅱ.①叶… 　Ⅲ.①中学－班主任工作－案
例　Ⅳ.①G635.16

中国版本图书馆 CIP 数据核字（2017）第 305474 号

书　名	爱要大声说出来
著　者	叶德元
出　版	四川大学出版社
地　址	成都市一环路南一段 24 号 (610065)
发　行	四川大学出版社
书　号	ISBN 978-7-5690-1432-7
印　刷	永清县晔盛亚胶印有限公司
成品尺寸	170 mm×240 mm
印　张	16.5
字　数	250 千字
版　次	2017 年 12 月第 1 版
印　次	2023 年 9 月第 4 次印刷
定　价	58.00 元

◆ 读者邮购本书,请与本社发行科联系。
　电话:(028)85408408/(028)85401670/
　(028)85408023　邮政编码:610065
◆ 本社图书如有印装质量问题,请
　寄回出版社调换。
◆ 网址:http://press.scu.edu.cn

"'模范'二字太大了，我承受不了，但是我最起码可以做孩子们的模范和榜样！对我自己而言，我对自己最满意的是'创意'与'坚持'。坚持做，把小事做大，做到极致，并且一定要赋予自己新的想法。我希望我的孩子们能够感受到这一点！其实你们和家长的信任也是对我最好的鞭策，我知道有太多的人在关注，这背后不仅是一个孩子、两个家长，其实是几十个家庭，我坚信我可以做到！"

——摘自2014年叶德元获得全国模范教师后在博客
《叶老的窝》中写的感言

我的孩子亲切地叫我"叶老"，我的班级叫"叶老的窝"。

从三尺讲台到天安门的观礼台，13年，我一直是班主任，2015年有记者问我："你觉得什么样的老师是好老师？"

我回答了三句话："看得清时代，在传承中勇于承担责任；看得到未来，在守望与信任中静静等待；找得到幸福，用自信与微笑带给孩子希望。"

感谢"老师"这个职业，它真的有别于其他行业。它非常特殊，因为教

师面对的是人。人是有生命的，人是有个性的，他们的热情与率真让我们时刻都面临着挑战与压力，但是我想说：21世纪，我，一个"80后"，每天面对的不是冰冷的电脑，而是一群鲜活的生命，这是一件多么幸福的事情呀。

不过，我们都在感叹老师越来越不好当，因为我们面对的是一群"00后"的孩子，我们应该怎么办？还用老办法去"压"？去"管"？显然是不行的。

曾经有一个校长向我抱怨说："我们学校的学生不守规矩，常规很差，这个暑假我花了很多时间自己编写了一套校本教材，就是教孩子们如何守规矩。"说实话，这样的校长真的太用心了。但是我又一想，难道这个学校以前就一点规矩都没有吗？显然不是，问题的关键不是"有没有规矩"，而是如何让孩子们"接受你的规矩"。

归根到底，还是那句话——亲其师，信其道。

有记者问我是否特别关照过"特殊"学生，我说没有！

今天的学生并不希望我们特殊照顾他们，被特殊照顾的是弱势群体，他们希望得到更加公平公正的对待。但是要注意的是，教育公正不仅仅限于在"分数"面前"一律平等"的"表面公正"，而是更注重以追求最大限度地全面提高学生素质和创新能力为根本目标的"实质公正"。教师应该坚持做到在规则和成绩面前人人平等，不抱成见，不循私情，规范准确。

教育的落脚点必须是——人。我们要做到眼中有人，尊重人，尊重人的个性，尊重教育的规律。这也是全面推行素质教育的要求。我们经常说"爱学生"，爱就是尊重，"重"意味着信任、理解、宽容和接纳，充分地重视和欣赏每一个学生，耐心地倾听他的意见，接纳他的感受，包容他的缺点，分享他的喜悦……教师只有把爱的种子播撒在学生的心田，以学生的要求作为爱的起点，才能在学生的内心世界培养出爱的感情，并使之升华。用心去走近学生，成为学生的朋友，亦师亦友，才能取得教育的最佳效果。

仅有爱也不行，我们还要学会"智慧"的"爱"。一个好的班级评判标准，不仅在成绩的高低、名利的多少上，更应该是看在这个快乐成长的园地里，老师、学生是不是都感到幸福、快乐。作为班主任，担任着如何营造宽松和谐的班级氛围的任务，一个魅力班级的文化建设是重中之重。

　　所以我才会在过去七年为孩子们设计了400多个主题活动，写了5000多篇班级博客，汇集集体的力量，科学管理班级，共同开创宽松和谐的魅力班级。

　　教师无法选择学生，但是我们可以选择教育方式。"00后"并不可怕，不要过分去渲染，走近"00后"，走进他们的心里，把平凡的事务转化为精彩，把烦恼的事情转化为快乐。我们一起共勉：成人比成功更重要，成长比成绩更重要，付出比结果更重要。

　　学生可能有这样或那样的缺点，改正不可能是一蹴而就的，但要给他一个过程，给他修复错误的时间和空间。学校不是工厂，我们也不是在生产零件，要允许孩子有自己的个性和特色。把个性张扬的学生变得规规矩矩，这不一定是一件好的事情。对于学生张扬的个性，很多时候我能做的就是给他们找舞台，找空间，找时间，让他们去发现自己，去展示自己。

　　2010年的秋天，我开通了班级博客——"叶老的窝"，现在点击率已经超过了一百万。三年时间里，我为在七中育才带的第一个班级（18班）写下了1234篇博客。现在已经超过了2500篇。在"叶老的窝"里，我记录下了18班、11班、1班的点点滴滴，这个博客成为向家长展示孩子在校生活的最佳平台。

　　虽然有人说佩服我的毅力，但是我想说，如果我觉得这个事情是痛苦的，可能我早就放弃了。我不觉得累，每天晚上在灯下写博客，看着一张张照片傻笑是我最快乐的事情。家长他们想看到什么？想关注到什么？我都会在博客上呈现。过去流行的家访，今天并不过时，但是时代在发展，新时代的班主任应该赋予它新的含义。每天的记录让家长及时了解班级的情况，这是沟通的前提。上万张照片或记录、或表扬，一个个真实的场景，留下一幕幕美好的回忆。我相信这样的坚持赢得的是家长的理解和信任，是一种心与心的交流。

　　我为三个班级设计了400多个主题鲜明、持续开展的活动，让孩子们做主角、当主唱。①通过"大声说出爱"系列活动让孩子们学会情感表达；②通过参与学校艺术节，让学生学会勇敢和团结；③通过教师节表达爱，促进师生关系的和谐；④通过"六一"儿童节捐助的活动，增强学生的爱心；⑤通过道歉日活动，让学生学会反思；⑥通过畅想童年的活动，促进家长和孩子的相互理解……甚至把学生带出教室，去骑游、听川剧、野炊、游世博园，等等。每一

个周末，我几乎都是带着妻子跟孩子们一起度过。学生能真正地感受社会、体验生活、回归自然，我的教育目的达到了，班级凝聚力增强了。

初一艺术节，学校要求每个班出一台节目。我只有一个原则，就是"希望每个孩子都要参与"。班级节目效果很一般，但在节目结束时，一位学生妈妈激动地拉着我的手说："感谢你，这是我女儿长这么大唯一一次在别人面前表演舞蹈。"

这句话，更加坚定了我的信念。班级活动中，让每一个孩子都登上舞台，对每一个孩子都可能意味深长。

学校举行"好声音"比赛，我挑选了两名性格内向的没有舞台经验的学生，代表班级去参赛。其他所有同学都充当"绿叶"，给他们俩伴唱。最后，11班在那次比赛中名落孙山，但是，这次活动对这两位难得上台的同学，对整个班级，都意义非凡。"给别人机会，成全别人，对拿奖拿到手软的才艺尖子生们，是另一种成长和收获。"

在我设计的"爱要大声说出来"系列活动中，就是要让同学们体会到"别人因为我而幸福"。我认为，教育的爱，就是要用更多更新的方式去"爱"身边的每个孩子，让他们真正体会到被爱的幸福。爱是一个长期的过程，不停地在创新中增强班级的凝聚力，爱同学、爱班、爱生活，贯穿在学生生活中的每一刻。

教育应该是不留痕迹的，活动可以让这一切化为无形。而一次活动也不能改变一个人，所以我才会在那么多活动中让孩子们自己慢慢去感悟。

从18班到11班，再到现在的1班，我对学生、对这份工作的爱没有变化，虽然现在的班级会被科任老师"投诉"上课纪律不好，但也有老师说"整个面貌越来越好"，我明白这需要一个过程。喜欢挑战的我有信心，"未来三年，我会努力……思考三年，总结三年，换来新的三年，还是那句话'不求一鸣惊人，但求顺理成章'。"

虽然我收获的并不完全是肯定与赞美，网上也有很多质疑的声音，但真心感谢大家对小叶的关注。我是幸福的，有烦恼也可以幸福，听到质疑，接受或者做出改变，我会一直处在学习和成长中。我对自己选择的这份职业有一种执着的态度。

我曾经教过的第一届学生来问我，叶老，怎么你那会儿带我们班时从没得过流动红旗？那是我大学毕业带的第一批学生，我心中暗暗愧疚，认为曾经稚嫩的自己也许辜负了他们。可这个学生还说了一句话："因为叶老，我选择了当老师，当一个你这样的老师。"我很难相信这句话会从这个学生的口中说出，说不出的感动就那样沉淀在心里。

我相信教育的力量，相信爱的力量，从老师到学生都在默默传承。不管是我还是我的学生，爱都需要大声说出来。

写这本书，真的是我的第一次尝试，里面的活动设计不见得完美，但是真实。我没有写每个活动的"设计目的"，因为本来就没有什么目的，我不喜欢挖个坑给学生跳，跳进去了，我们也赢不了；跳不进去，还自己干着急。其实最好的教育就是体验，参与了，开心了，表达了，自然也就收获了。

写这本书，是对自己过去13年的一个总结，在这里我要特别感谢我的学校，成都市七中育才学校，这个优秀的团队让我越来越清晰地明白我想当一个什么样的老师。精选的20多个活动中有部分是育才的德育课程内容，我进行了班级操作层面的细化。感谢每个育才人，让我变得更加的执着与坚定。

写这本书更要送给陪伴我的每一个孩子和朋友，感谢我们见证了彼此的青春成长，爱让我们的心永远在一起！

叶老爱您们！

2015年央视最美教师叶德元纪录片（视频二维码）

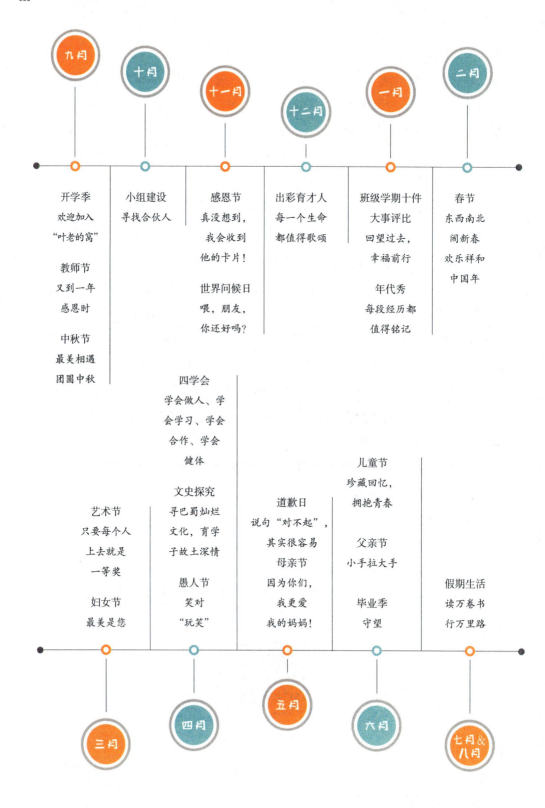

九月
开学季
欢迎加入
"叶老的窝"

教师节
又到一年
感恩时

中秋节
最美相遇
团圆中秋

十月
小组建设
寻找合伙人

十一月
感恩节
真没想到，
我会收到
他的卡片！

世界问候日
喂，朋友，
你还好吗？

十二月
出彩育才人
每一个生命
都值得歌颂

一月
班级学期十件
大事评比
回望过去，
幸福前行

年代秀
每段经历都
值得铭记

二月
春节
东西南北
闹新春
欢乐祥和
中国年

艺术节
只要每个人
上去就是
一等奖

妇女节
最美是您

四学会
学会做人、学
会学习、学会
合作、学会
健体

文史探究
寻巴蜀灿烂
文化，育学
子故土深情

愚人节
笑对
"玩笑"

道歉日
说句"对不起"，
其实很容易
母亲节
因为你们，
我更爱
我的妈妈！

儿童节
珍藏回忆，
拥抱青春

父亲节
小手拉大手

毕业季
守望

假期生活
读万卷书
行万里路

三月

四月

五月

六月

七月&
八月

目录

九 月
September

　　九月的风吹过，留下了金秋伊始的味道，九月，也是我们相识的季节，稚嫩的我们穿着红白相间的校服，至此，我们这群小崽子就成了一家人。

　　当然，开学的第一件事儿，那就是从假期归来的学生们互相熟悉对方。叶老花了近一个月的时间搞小组建设、班级活动，使班上每一个同学都把我们的班级当成一个家。开学第一课、各种成员选拔、拓展活动……就像DNA连接酶一样把我们凑成了双螺旋，稳定又多姿多彩。

　　这一个月，我们其实更多的是学会怎么去做人。教师节，叶老让我们感谢了所有的任课老师，行感恩之事；中秋节，让我们与父母包饺子、一家人共同参与，共享天伦之乐。赵雷在歌曲《成都》唱到"分别总是在九月，回忆是思念的愁"。而我却不这么觉得。因为"相聚总是在九月，校服是彼此的友"。

2013届18班学生：金宇宸

特色活动一、开学季

欢迎加入"叶老的窝"

活|动|背|景

教师职业生涯当中，第一次见到自己的学生是最为激动的，我曾在微电影《守望》中写过这样一句话：缘分有时候就是这样的奇妙，从成千上万的学生中挑选出你们几十个人送到我的身边，让我们有了这三年的故事，属于我们的故事。

新学期开学，给孩子们的第一印象该是什么样的呢？特别是孩子们刚刚离开生活了六年的小学，还有那么多不舍的老师、同学，如何让孩子很快地接受自己，融入班级，认同集体，这对于我来说是一个很大的考验！

初中对于孩子是陌生的，孩子到底应该做些什么？初中生活是什么样的？怎么样更快适应环境，实现从小学生到初中生的转变？面对这些开学疑团，此刻，我就个人经验而谈，新学期伊始接触到初一新生，我们可以做些什么？还可以做些什么？

活|动|创|意

在成都七中育才学校，我们会有两到三天的入学教育。这个时候我们更多的是告诉孩子们初中是什么样的？怎么样去适应初中？每一天我们可以做什么？每一个学科应该怎么转变学习方法等等。所以开学这几天我们是不上新课的，更多的时间让班主任、科任老师与孩子们相处，熟悉校园和规则，先爱上我们的老师、爱上我们的同学、爱上我们的学校，这样对于孩子们更快适应新生活意义更加重大。

军训我们会放在初二进行，相对而言孩子们经过一学年，开始进入"浮躁期"，这个时候再去强化行为习惯，效果会更好！

活|动|设|计

 环节一："叶老的窝"是什么样的？

2019届1班一共53个孩子，见到他们之前我非常期待，开学头一天我在博客里写到了：上了初中，我们要做的第一件事就是打开眼界。我们经常听到别人说"心有多大，舞台就有多大"，那如何让我们的心变大呢？需要我们的眼多去观察这个世界！看得多，眼界自然不一样，境界也就不一样！未来三年让我们一起去看、去听、去想、去感受。

我一个陌生人，会以怎么样的形象走进孩子们的世界呢？那天下午，我征集了上一届孩子们毕业以后的感想并印制出来在当天发给新同学，让他们更好地了解将陪伴他们成长的班主任。

"叶老的窝"（博客名）什么样?

学长学姐这样说——

学弟学妹们你们好！我是叶老18班的班长左登浩，记得我上初一时，写作业总是很慢，静不下心来，一会儿起来喝水，一会儿又去上厕所，爸妈也总训我，我却总不耐烦。但对于你们的班主任叶老，相信不用多长时间，你们一定会和叶老打成一片。你们能和他一起进取。学习的时间还有三年，这让我真的很羡慕，他真的很优秀，我不想太多评价，因为你们自然而然就会体会到，最后我想说——我在成都七中等着你们！

——左登浩

亲爱的学弟学妹们，首先，我要恭喜你们进入七中育才，进入叶老的班级。育才真的是一个优秀的学校，叶老的班级更是一个优秀的集体。你们要有自信，要相信育才定会教你打开成功大门的方法。我是育才人，我是叶老的学生！

——姜泓坤

首先祝贺你们顺利进入初中！这意味着你们周围的一切都会发生巨大的变化，你们的班主任叶老是一位非常接地气的老师。可以说初中三年是我学习生涯中最快乐的三年，在这里，你不仅会感受到班级的温暖，而且还会学到许多书本知识以外的东西。珍惜每一次叶老为你们组织的活动（出其不意），尽全力去体验不同的经历，丰富自己人生的卷轴。愿你们把握每一天，展开初中生活幸福的画卷。

——冯乐妍

能够进入七中育才，进入叶老的班级，是一件十分光荣的事。叶老的班级永远是温暖、团结的，虽然每个人各有优缺点，但是在叶老的班级里，你永远能找到自己的舞台，秀出自己的精彩！在七中，在叶老的班级，没有人是一无是处的。

——郝浩然

回过头看看，三年时间怎么会那么快？真的像是一眨眼功夫呢！幸好有叶老的窝，记载下三年里我们11班亲爱的老师们、同学们生活的点点滴滴，让我们的心里暖暖的。叶老说我们都在创造着历史。亲爱的学弟学妹们，我想说，学会珍惜，一定要紧跟着老师们前行。

——张北斗

人的潜力是巨大的，永远不要去设定自己的极限！叶老不仅是优秀的历史老师，而且还是最好的人生导师！三年可以从叶老那里学到很多，不管你从前如何，进入育才，进入叶老的窝，就是一个全新的开始。叶老会带给你许多欢乐，更多的是会学到他身上闪亮的品质。我说的这些话，你们可能还不能理解，但是只要怀着感恩的心，怀着向上的态度，你就会慢慢明白，这三年将影响深远。希望你们珍惜在育才的时光！

——安先昊

三年前我也是像你们这般青涩地步入育才校园，进入叶老的窝，兴致勃勃地看着13级的学长学姐们给我们的寄语，正如你们此时此刻一样。面对即将到来的初中生活，你们必定会遇见无数的烦恼：会有学习上的困难，与同学间相处的矛盾，或是对老师的不适应。请不要灰心或者放弃，学会去沟通，学会去增强自我的学习能力与发现自己的不足，一切都会好起来的！育才是一片记载着无数人青春记忆的地方，也是让我们成长的地方，你会学到很多东西。

——钱嘉杰

　　在叶老的班上，你会参与缤纷多样的活动，会在最美好的年华感受最美好的校园时光，尽情在育才的舞台上散发自己的光芒吧！初中三年的青春最清澈，最单纯，你会收获很多。加油吧，少年们。生命十分精彩，从现在起向前看吧！

——陈昭

2016年8月30日已经毕业的十一班毛毛虫们陪我度过幸福的一天

　　就在那天下午，刚刚毕业的初2016届11班的毛毛虫们（我们班的吉祥物是毛毛虫，我也习惯了这样称呼他们）相约回来看我，我明白这种牵挂与思念，就像我即将要面对的1班孩子们，他们一样爱着自己的小学。

环节二：新生入学教育

走进育才，你就登上了展示自我的舞台。请相信，你的心有多大，育才就会给你提供多大的舞台。运动场、艺术殿堂、话剧社、科创组等都是受人瞩目的舞台，在活动中，你一定能发现自我，展现自我，成就自我，升华自我。走近育才，你会发现志存高远的育才人岂止是学业的优秀，他们的优秀是多层面的、多元化的。在这里，老师相信你必会成为其中优秀的一员。

当天早上，我六点半就到了教室，用微笑迎接每一个孩子的到来。学校为大家准备了《新生入学宝典》，全方位介绍了育才文化和常规要求，而我还给每个同学打印了温馨的资料，来自18班和11班两届师兄师姐的祝福。看完以后会对育才，对"叶老的窝"有了更深的了解。

此外我还做了学生的调查表，方便第一时间了解到孩子们的兴趣、特点、性格，为接下来的班委选举、座位安排等做准备。

班主任可以利用这一天进行"一日常规"的训练，例如，课堂规范要求，选值日生、临时班长、小组长、课代表，中午就餐管理，发放新书，午休自习管理，清洁培训等。把日常需要做的每一个环节让孩子们都适应熟悉一下，这样正式上课的时候孩子们就懂得什么是"规矩"，每个时段应该做什么，并且明白做到什么程度是学校的要求，应该如何高标准要求自己。

在入学教育的时间里，还可以安排科任老师和班级孩子单独见面，并且在见面会上细化学科的学习要求，包括要准备的学习工具，上课的纪律要求、作业的质量要求、改错要求、拓展要求等，让学生心中有数，从第一天的学习开始就养成良好的学习习惯。

如果有条件的班级还可以召开家长会，孩子的成长需要家长的陪伴，那么这三年家长应该做什么，也同样需要"入学教育"。

入学教育的当天下午，1班召开了第一次家长会！

 环节三："我的入窝证"

这是我们班成立以后的第一个班级活动——"我的入窝证"。1班的同学们表现出了很高的积极性！

2010年，我来到育才，创立了博客"叶老的窝"，从这个"窝"里走出了2013届18班、2016届11班两届学生，如果你在百度里搜索"叶老的窝"，可以直接进入我们的博客，这四个字已经成为一张响亮的名片！

怎么才能成为正式的窝里成员呢？为了让同学们彼此之间尽快熟悉，建立友谊，让老师、同学、家长尽快地认可班级，认识我们班的每个孩子，我设计了这个特色活动！

开学第一天我给每个孩子下发了一本"入窝证"，里面设计了六道关卡。

任务一：我的新同学

[至少找到30个同学，让他（她）告诉你他（她）的兴趣爱好，并签名留念]

任务二：我的新老师

[找到至少5位老师，并让他（她）记住你的名字，并学会写你的名字]

任务三：我最喜欢的老师

（通过一周相处，你觉得你喜欢哪些老师，为什么？）

任务四：我有了新朋友

（通过一周相处，你觉得哪些同学已经成为你的好朋友，为什么？）

任务五：我的学校，我的班级

（通过一周的接触，写下你对学校、对班级的印象）

任务六：爸爸妈妈的话

（孩子在育才，在我们一班已经生活了一周，他认识了新朋友、新老师，也开始逐渐适应了初中的生活，我们的爸爸妈妈对我们新班级，对孩子有什么想说的呢？）

如果你完成了上面全部六个任务，恭喜你，正式成为"叶老的窝"里的成员，你将获得一枚独一无二，专属于叶老和我们一班的入窝勋章。

这个活动有点像心理学里的破冰活动，让孩子在一个陌生的群体里，迅速主动地去认识新的伙伴，走进老师和同学，消除在交流上的障碍。可能平时性格内向的孩子不敢去结识同学，但是这是一个班级活动，大家都在这样做，这样的氛围让他没有了恐惧感。而且让老师学会写自己的名字，也一下子拉近了学生与班级、老师与学生、老师与班级的距离，一个积极向上、活泼友爱的班集体正在形成。

把家长也融入进来，通过点评孩子在活动中的表现，让家长也参与班级建设中，觉得"我是班级的一分子"，而非班级的事情和他没有关系。慢慢地，家长也会更加认同班级理念，接受班级文化。

入学教育当天我拍下了初2019届1班第一张班级合影

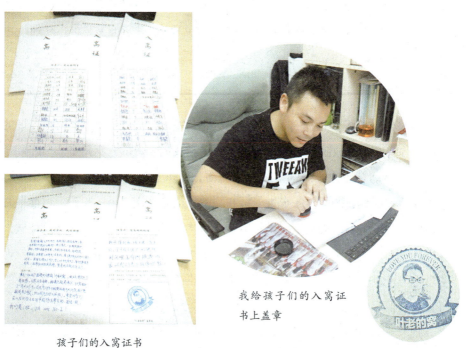

孩子们的入窝证书

我给孩子们的入窝证
书上盖章

特殊徽章"叶老的窝"

特色活动二、教师节

又到一年感恩时

节 | 日 | 由 | 来

1985年，第六届全国人大常委会第九次会议通过了国务院关于建立教师节的议案，确定了1985年9月10日为中国第一个教师节。

活 | 动 | 背 | 景

工作14年，就过了14个教师节，每年的9月10日我都能感受到学生特别的爱。但我总感觉这份爱不够"浓"，甚至有点尴尬。鲜花、卡片、孩子们手工做的小礼物，打开精美的卡片，里面往往只有四个字——节日快乐。精美的手工礼物经常堆满我的办公桌，但是我连是谁送给我的都不知道，孩子们"害羞"得连名字都不写。

其实我想要什么？要孩子们过来，亲口告诉我：叶老师，我爱您。但是，怎么才能让孩子们大胆、从容地表达对老师的这份爱呢？这是一个我们老师需要思考的问题。

活|动|创|意

爱就要大声说出来，教师节我们不需要害羞，我们用一行行文字、一张张图画、一句句感谢、一个个拥抱去大胆表达我们对老师的感谢之情。我在活动中以班级为单位、以小组为单位，让内向的同学不会那么腼腆。我们不是以自己的身份、而是以集体的名义去感恩身边的每一个人，不仅表达着爱，也因为这份爱感动着我们自己，凝聚着班级。

针对不同年级的学生、不同风格的班级，活动设计要有梯度，从分工、策划、实施充分发挥学生的主动性。

活|动|设|计

 初一年级：重回母校谢师恩

初一年级由于学生刚刚进入初中，短短几天时间，其实学生对我们老师并没有太多的感情，如果这个时候就要大声说爱，其实就是作秀。此时孩子最想感谢的是谁？是他们的小学老师。六年的教育与陪伴，这份爱在孩子进入初中以后变得更加强烈，学校还可为孩子们准备教师节特色慰问卡，由孩子们写上特别话语送给老师。当然，学校还可以给孩子们小学就读的学校写一封感谢信，感谢学校在孩子们小学阶段的悉心教育和培养。

9月10日学校放假半天，让学生回到自己的小学母校，看望小学老师。最好在之前给家长发一份书面的通知，做到以下温馨提示：

(1)看望他人时，礼貌的做法是先征得同意并提前预约时间，请您指导孩子，提前与老师联系，确定好看望时间。

(2)为了不给小学的门卫管理增添麻烦，请告知孩子穿好初中的全套校服。到小学后，请遵守学校的管理制度，有礼貌，不喧哗，不影响校园秩序。

(3)学生可带上相机，将这次活动的美好瞬间记录下来。

　　作为班主任的我，还会给每个孩子的小学班主任送上一张贺卡，很多孩子问我："叶老师，你都不认识我的班主任，为什么要给他送礼物？"我告诉他们："因为我认识你们！过去六年他们的教导培养了这么优秀的你们，未来的三年我来陪伴你们继续走下去，我有必要感谢你们曾经的老师！"

　　这就是爱的传承。后来，有个学生回来告诉我："叶老师，我班主任都哭了，他马上就要退休了，这是他当班主任三十多年来，第一次有初中的班主任送贺卡给他。"那一刻，我的心也是暖暖的。

　　为了使活动更加多维、生动，我们为每个孩子准备一张活动展示卡，用以记载本次活动感悟，其活动卡包括作为一名中学生回到母校的感想，小学老师的寄语，一张和小学老师最温馨的合影，家长对活动的点评。多项活动交错纵横不仅有益探师之行，还能调动学生主观能动性积极融于其中。

　　或许你会觉得，教师节这一天学生都放假了，去看小学老师去了，那我们岂不是太孤独了。不会的，爱是会传承的，我们对学生初一阶段一开始的感恩与爱的教育，就是一种示范。你会惊讶地发现，毕业的孩子们，也会在这一天，穿着他们高中的校服回来，拥抱、鲜花、祝福一样都不会少。

　　2016年教师节11班左元佑同学的空间说说：

　　"写这段话时，我正在和叶老QQ聊天，聊到不舍，聊到曾经，聊到心酸。其实，真的不想走。看到高中的新生报到通知时，突然感到一阵心悸。因为不知不觉中，开学后的面孔就已经变了，明明还有很多事没有做，很多人没有认识，很多参考书都没有完成，我们就在猝不及防中离开了。对育才的这份感情，我寄托最多的还是叶老，所以在和叶老聊天时，我哭了，坐在妈妈车上哭得稀里哗啦的！因为想到了过去，再也回不去的过去。嘴上说着以后来看你，帮你看着这帮新来的小崽子，但实际上也明白，我们人生的列车上，育才的人和事，都已经下车了。其实真的不想写得那么伤感的，但真的，难以抑制那种潮水般将我包围的心酸和难过。"

孩子们为小学校长送上学校的感谢信

孩子与小学班主任的合影

我精心制作的送给学生的小学班主任的贺卡

初二年级：我给老师画张像

初二的时候孩子们对我们的老师都非常熟悉了，也有了深厚的感情，于是就有了创意活动——"我给老师画张像"。

学生可以任意选择几位老师，抓住老师风格、特点为他们创作画像，还可以配上文字介绍，作为教师节最有创意的礼物，表达对老师浓浓的爱。

孩子们画的我可能不一定像，但那就是他们心中的"叶老"，在我的办公桌上永远放着一张他们给我的画像，那是一段我们彼此最美好的回忆。

《重回母校谢恩师》学生活动展示卡

2013届18班范瑜、夏启元同学画的我　　　　　　孔康懿同学画的我

活动卡外墙展示

2016年教师节下午，已经毕业的2016届11班孩子们回母校看我

 初三年级：感恩有您

初三年级是毕业年级，在学校待了两年时间，自然感情也就越深，需要感谢的也就越多，回望走过的路，我们需要感谢维护校园清洁的保洁阿姨、保卫学校安全的保安叔叔、提供美味食物的食堂师傅等。

我们经常说，校园里的每一个人都是德育工作者，那我们爱的教育就应该更加广泛，不带功利色彩，细致入微。初三年级学习压力大，我们可以年级牵头，以班级为单位，为我们身边每一个默默奉献的人送上我们的节日祝福。

教师节同学们给老师们送上的礼物

班级特色：爱要大声说出来

爱要表达，小礼物要送，怎么才能让学生敢去、愿意去、开心地去，而不是趁老师不在，放下就走呢？我是这样操作的，首先对全班进行集中培训，讲明活动的意义，我们每个人代表的不是自己，而是全班同学，大胆走出第一步，勇敢去表达你的爱。其次是分工，每个小组以抽签的方式选择对应的老师，代表全班送上祝福，我也会加上学校的校长、主任等校级干部，一方面让校级干部也能感受到教师节这份特殊的爱；另一方面也是对自己班学生能力的锻炼，主动和校长聊天、表达感谢，本身就是一种教育。再次，我会安排学生带上相机或手机记录。最后，鼓励小组成员制作原创礼物。

记得那年，周劼妤、傅振林抽签抽到代表全班给张校长送教师节的祝福。他们准备的小礼物是一块自制的蛋糕。教师节当天，两个同学跑了四五趟都没有找到校长，最后只好在校长办公桌前拍了一张合影以此宣告完成任务。

晚上，我接到男孩子母亲打来的电话，男孩母亲质问我为什么校长今天不在学校，她儿子扑了好几次空，我解释张校长去教育局开会了，一天都没有回来。这位母亲略微生气地说："叶老师，你可能不知道，昨天晚上我和孩子在家排练了好几次，我演张校长，他来敲门送教师节礼物。"那一刻，我恍然顿悟，原来教育是可以如此衍生，感谢这位母亲如此用心抓住每一个教育契机，教会孩子如何去表达，如何大声去说爱。

这么多年过去了，学生送的教师节礼物我已经不能全部找到，但每一张照片就是最美好的回忆，我能够通过这些照片看到那年当时的场景，每一张照片背后都是关于"爱"的故事，一个属于我们自己的故事。

其实不管什么样的活动都只是形式，关键还是用心去陪伴。2016年9月10日，这个原本应该是我休息的日子，我选择了和孩子们在一起度过！当时，2019届1班刚刚成立，我们需要更多的时间去磨合。我组织了全班同学去观看成都市川剧院演出的《尘埃落定》，晚上一位家长给我发了一条很长的短信，道出了他的心声，而当时我们认识才仅仅10天。

"今天是教师节，您却给了孩子们快乐的一天，而自己又辛苦一天！

从第一次开家长会见到您到现在，我每天都在经历您为孩子们所做的一切，感受到您对孩子们的爱。这个班的孩子很幸福，我作为家长，更觉得幸福。在您的带动下，整个班无形中凝成了一股力量，似乎原本不认识的同学、家长相互之间也变得亲近起来。下午送孩子去听川剧，我们等在外面的家长，看到送孩子来的，知道是一个班的，都会意地点头微笑，相互招呼，这种感觉真的很好。我孩子小学时，班里学生家长都认不了几人，都是独来独往。不知从何时起，这个社会的浮躁、功利之心弥散开来，人和人之间少了真诚、友爱，我们从内心呼唤这种爱，却又不能放松自己。而现在，在这个班里，我们每一个人都感到这种爱的回归。似乎个人竞争变得遥远，而整个班级的进步、每一个娃娃的成长都变得那么重要！

我不希望您格外关注我的孩子，虽然她看着开朗、踏实努力，但她又确实不够聪慧，我担心她的将来，我相信孩子在您的班里，会好的。我曾经也当过三年中学老师，可是我当了逃兵。在压力的面前，我选择了逃避和放弃。我现在想起我曾经的学生，还觉得愧疚不已。而您却将自己的爱融入这份事业当中，不是坚持而是真正地投入，实属难得！能在这样的一个时代再见到您这样的老师，我又开始相信梦想和执着。我也要学习这份对事业的真诚，努力地做好现在的工作，不辜负将来的学生。

今天是教师节，我没有给您准备什么特殊的礼物，我想没有什么东西能够比得上您的这份用心。我想，只要您需要，我们一直都在。"

周劼好、傅振林同学代表全班同学给张校长送教师节礼物

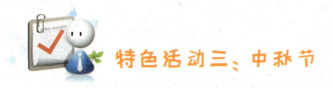

特色活动三、中秋节

最美相遇 团圆中秋

节|日|由|来

中秋节，又称八月节、团圆节，是流行于中国众多民族与汉字文化圈中的传统文化节日，时在农历八月十五；因其恰值三秋之半，故名，也有些地方将中秋节定在八月十六。中秋节始于唐朝初年，盛行于宋朝，至明清时，已成为与春节齐名的中国主要节日之一。受中华文化的影响，中秋节也是东亚和东南亚一些国家尤其是当地的华人华侨的传统节日。自2008年起中秋节被列为国家法定节假日。2006年5月20日，国务院列入首批国家级非物质文化遗产名录。中秋节自古便有祭月、赏月、拜月、吃月饼、赏桂花、饮桂花酒等习俗，流传至今，经久不息。

活|动|背|景

中秋节与春节、清明节、端午节并称为中国四大传统节日，作为新班级，中秋节应该是班级成立以后第一个传统佳节，如果利用好这个时间开展有意义的班级活动，取"团圆"之意，班级也能很快形成凝聚力，尤其是在新班级组建之初，有事半功倍的效果。

活 | 动 | 创 | 意

中秋活动的创意在团圆，可以开展的活动也是丰富多彩。比如班级的赏月诵诗会、班级的骑游家庭大联欢、班级的手工月饼大赛等。其实与中秋有关的传统活动很多，所以可以发挥学生的创意，举办有班级特色、学段特色、地域特色的活动。

我这里只能是抛砖引玉，结合这几年我在中秋举行的活动，进行一个梳理。

活 | 动 | 设 | 计

 环节一：最美相遇、团圆中秋

这个活动适合刚进校的初一学生，新班级刚刚成立之初举办。通过户外活动、亲子参与、师生沟通、个性展示等方式，让班级成员之间尽快熟悉，也达到彼此了解、增进友谊，让班级迅速走到一起，形成合力。这样的场合班主任不要太拘束，放下自己的架子，和孩子们打成一片。

这注定是一个难忘的夜晚！这注定是一个将永远写进班级历史的夜晚！一个刚成立两周的班级，在这个团圆夜，欢笑！歌唱！我们从陌生到相识，到融为一个其乐融融的大家庭，只用了十几天，但是缘分将是一辈子！

我从此又多了55个孩子让我牵挂，55个家庭让我守望！

"感恩父母，团圆中秋"初2013届18班（初一）中秋活动

"秋声月影人团圆"初2016届11班（初一）中秋活动

"最美相遇"初2019届1班初一中秋活动

这是我在现场给孩子们即兴表演的一段川剧《告贫》

中秋节，班级刚刚成立不到一个月。
我们的第一次班级户外亲子游活动开展得非常成功。
我们开展了家庭介绍、才艺展示、挖花生大赛、家庭
厨艺大赛、亲子拔河比赛等活动。

为活动中表现优异的孩子颁奖

为当天过生日的同学送上意外惊喜

2019届1班中秋活动(视频二维码)

环节二：创意月饼大赛

　　这个活动适合初二年级举行，在班级已经有了一定的文化浸润的基础上更好。活动让孩子和家长发挥想象，利用月饼进行创意设计，可以用月饼摆拼盘，可以用月饼画画，可以用月饼设计成中秋小装饰。完成作品后给作品拍一张照片，照片能体现中秋意境——月圆人圆。

　　孩子们的作品也是创意十足。有用手电筒制作人工月亮的，有用自己家的狗狗形象做天狗食月的，有自己用模子做特色月饼的，还有各种特色拼盘。让我没有想到的是，11班很多孩子都做了"毛毛虫"（班级吉祥物）这一形象，可见班级文化已经深入人心，这就为我们的中秋活动增添独特的"班级味道"。

通常要求孩子们参与的活动我也会积极参加。这是我那年中秋创作的创意月饼。因为我们班的吉祥物是毛毛虫，我用月饼做的身子，画的脑袋和翅膀

唐馨竹用自己家的狗
狗做"天狗食月"

白宸同学和妈妈一起创作
的毛毛虫月饼

▶▶ 我在2014年中秋节设计创意月饼（视频二维码）

环节三：创意中秋小说接龙

　　奇思妙想"闹"中秋，这个活动适合初三年级开展。在孩子们学习压力比较大的时候，既不会耽误太多时间引得学生浮躁，又可以作为学习之外一种很好的调剂。

　　活动按照自愿原则全班接龙，编写一个关于中秋和月亮的故事。后写的同学可以看到前面的情节，但是前面的同学并不知道自己的故事往后会怎么发展。

　　整个故事写完，其实我也没有看懂，甚至我成了一个需要的时候"闪出"，不需要的时候"闪退"的角色，有趣的是我们写的过程，那一周大家那种期待的兴奋、等待的期盼，都是对枯燥的学习一种调剂，我更希望这些文字成为我们的回忆，很多年后，成为我们一段共同怀念的难忘经历！不管是写的时候，还是现在我们看的时候，参与的主创人员都满含感情。

　　（钱嘉杰）嫦娥在月宫中非常想念后羿，但她发现她不能从月亮上下来，于是她想方设法，在月球上进行反重力实验，为千百年后的人类奠定了实验的基础。由此可见爱情推动了科学发展！突然，有一天，另一个神秘的人影出现在月宫中。（左元祐）它是一头几乎全身都是火焰构成的半人马，它自称是厄运先知阿克特罗斯，来自哈拉顿大陆。它的爱人乃风暴仙子伊奎利娅。但是不知为何，风暴仙子失踪了，于是它随着线索追踪至此。（孙一啸）他在银河系里穿梭，一直寻找着他的爱人，但是一直一无所获，最后在漫漫银河系累死了，化成一道光，融入太阳。（陈靓）这个半人马死后，在神秘的R星星球，出现了另外地一个带给嫦娥惊喜的人——吉尔吉阿累猪，他曾率领R星星球统治了整个宇宙，但唯一遗憾的是，他流芳千古，爱的人却反目，因此他下定决心，寻找一个窈窕淑女为伴，所以他来到了月宫，完成他的目的。（何

宗霖）他与嫦娥相遇了，了解了嫦娥的身世，决定帮助嫦娥完成他的心愿。（樊竞海）他召集了许多元老，打算完成心愿，但引起了大多元老的反对，所以，一场造反开始了。（潘奕西）元老们开始了浩浩荡荡的征程，嫦娥与他便被迫从月球出发，向地球逃亡。他们降落到了成都七中育才学校2016级11班，看见教室里的11班正在上英语"The Mid-Autumn Festival"一课，嫦娥喜极而泣，冲进班里给每个人都发了个"五仁"月饼，11班愤怒了，因为"五仁"月饼很难吃。（王彬宇）地球因为11班的愤怒而颤抖，那一天地球终于回想起了曾一度被11班所支配的恐怖。（李夷）嫦娥流下悔恨的泪水，她惊讶地发现经过千年的酝酿，她的泪水、排泄物变成了灵药。这时叶老听见了班里的骚动，来到教室，看见嫦娥，突然想起自己是后羿转世，便吃了药和嫦娥飞了，留下了11班的学生……（未完）

看完孩子们的故事，原本我是想接着往下写的，但是我真的不知道怎么接，不知道他们都经历了什么。当然故事并没有结束，感兴趣的爸爸妈妈可以在博客评论中续写这个无厘头又充满爱的故事！

有的时候我们设计一个活动，真的可以没有目的，不用千方百计地让孩子们掉进我们的陷阱里，真的，开心就好。至少我发现我们班开展这个活动的那几天，孩子们每天脸上都带上"诡异""神秘"的笑容。

 环节四：一封家书

共赏一轮圆月，喜迎中秋良宵。

在美好的中秋之夜，如果你和家人因地域相隔不能团聚，不妨拿起手中的笔，用心写下一封久违的家书吧！

　　寄去家书，捎去思念，何尝不是一种别样的团聚方式？如果家人时刻陪伴在你的身边，那么时刻感受到这份幸福和温暖的你，是否想过要将内心的感恩之情，将自己爱的表达通过一封特别的中秋家书传递给你至亲的人？

　　"月满中秋，家书传情"，一封家书，将化为你和家人情感的纽带，让彼此在中秋之夜同赏一轮圆月，品味一份亲情，共祝中秋快乐，祈盼平安喜乐！或许是第一次，有的孩子连什么是家书都不懂，这说明我们平时真的情感表达太少了！如果条件允许，和语文老师配合，先给孩子们讲讲什么是家书，再读几篇优秀的范文，可能效果会更好一些。

　　或许格式并不那么规范，但是很多孩子告诉我这是他们第一次写家书。

　　读了家书以后，不少家长给我发来了短信：

　　余枝蔓妈妈：真的很感动！谢谢您叶老，用这样的方式让孩子和我们进行交流，有时候面对面交流，有些话也许还不好说出口，家长让孩子学会感恩。

　　陈心悦妈妈：昨天晚饭后，女儿拿出了这封信送给我们，迫不及待地读完，很是欣慰！当我们读到"对不起，是我的渐渐长大，让你们慢慢变老""谢谢你，对不起，我爱你，这些都已经不足以表达我对你们的爱，就让我守护你，还有我们的家！"我们感动得一塌糊涂！其实这是女儿12年来第二次给我们写信，两封信时隔三年，内容却千差万别，从中我们仿佛看到了这三年我们一家人一起走过的路，说过的话，开心的、痛苦的，都历历在目！真的感谢这次的"月满中秋，家书传情"活动，让我们和女儿一起成长，今晚我们家特增加一个活动——"家书回顾"。

　　张曾棋爸爸：出差在安徽，中秋无月，"独在异乡为异客，每逢佳节倍思亲"，正是我当下心情的写照。看到孩子写的家信，更勾起我对家人的思念。孩子假期在美国时也给我们写过信，但只是寥寥几笔而已。此次中秋家信，她描述了她对去年离世爷爷的感受、对奶奶悲伤的体贴，感情非常细腻，和平时大大咧咧的样子完全不同。这一年我离家在外工作，有一点时间总往家里赶，每次来回交通折腾都几乎10多个小时，其实是很疲惫的。但每次回来看到她满不在乎的样子，让我的心里还是有些难受的。通过家信，看到了她对我

回家的理解，也明白我对她和母亲的爱，真的非常感动和感概。非常感谢这样的活动，通过家书搭起了亲子间沟通的桥梁，让我们的心贴得更近。谢谢叶老师爱的教育，谢谢您用生命和启迪唤醒孩子们内心！

邱涵宇妈妈：这是一封写给已故曾祖母的信。曾祖母是今年春节前过世的，虽然走得突然，但老人家走得很利落、很安详，自然老去，没有一点痛苦。对于一个97岁老人的后代，我们甚至认为那是一场"喜丧"。没想到时隔半年多，孩子竟然这般思念祖祖。整封信，孩子寄托了对祖祖的思念。孩子真挚地表达了对祖祖的牵挂甚至担忧，映射出一颗纯洁的心对生命意义的理解。在孩子的心中，生命是不会消逝的，灵魂可以在天宫有个归宿，但那份孤独却难以为人所知。我想，这封信折射出孩子进入初中后内心隐隐的孤独感，孩子希望能获得更多的理解，但同时又不愿暴露"弱点"的矛盾心理。不过，这种矛盾心理还不算严重，或者也可以说是成长过程的一种经历。

"月满中秋，家书传情"

十月
October

　　渐渐的，暑气被秋季的凉爽给赶走了。这三年，每一个十月都是给我们以惊喜与激动的十月。每到这个时候，我们会联系几个小伙伴共同组建学习小组，取一些一本正经的搞笑名字。这个时候叶老会给每个小组发小组本，用以记录每天小组内部发生的趣事。第二天，叶老会通过它跟我们互动，与我们打成一片，共同成长。小组本记录了我们三年的青春，除了班刊，就数小组本最有代表性。现在上了大学，当年的组长都还会拿出小组本拍照下来给我们分享，看看当年是如何一本正经的搞笑，如何"作孽"。

　　每当同学会，我们总是可以有共同的话题，就是因为那一本我们亲手写上去的三年，一个充满欢声笑语、喜怒哀乐的初中生活。它像一本小说，却尤其的真实，毫无虚构。还有运动会、合唱、集体舞蹈等等。这些点点滴滴都在我脑海里回响，它不只是一个形式，更多的是给我们带来了凝聚力，带来了为之努力的不后悔和不忘初心。

　　十月，金秋，七中育才，叶老的窝，值得在这时候来一趟，超值。

2013届18班学生：金宇宸

特色活动四、小组建设

寻找合伙人

活｜动｜背｜景

小组合作，即小组合作学习（又称合作学习），于20世纪70年代率先兴起于美国，并且已被广泛应用于中小学教学实践。

它的产生除了美国独特的社会文化背景之外，主要是出于消除传统教学存在的弊端，改革课堂教学提高教学效率的需要。

它将社会心理学的合作原理纳入教学之中，强调人际交往对于认知发展的促进功能。基本做法是将全班学生依其学业水平、能力倾向、个性特征、性别乃至社会家庭背景等方面的差异组成若干个异质学习小组（每组3~6人）。

活｜动｜创｜意

小组合作研究性学习的实施方式灵活多样。合作学习小组一般由研究兴趣相近的学生自愿组成，每组3~6人。在组建小组时，教师可视情况进行协调，给予帮助，例如，帮助个别因为某种原因，未能组建小组的学生加入合适的学习小组。

各合作小组开展研究性学习，选择题目。根据建组的方式，可以采取开放式、半开放式和集中式三种。

　　在这里我主要介绍我们班"寻找合伙人"的小组组建活动。具体的学习帮扶过程每个学科可能实施的力度不一样。但是我首先要思考的是怎么组建小组？组建什么样的小组？如何用小组的文化去引领四人小组健康的发展？

活｜动｜设｜计

 环节一：小组组建

　　我的小组组建工作通常放在寒假或者暑假，主要原因有三：一是时间充裕，学生和家长都可以经过充分的思考、讨论做出选择；二是在组建过程中，如果出现任何问题，那么我都可以及时进行干预和协调；三是小组组建完成后，我有比较充裕的时间制作各种班级必要的常规表格，如班长记录本、小组记录本、操行分表格等，这些都可以根据新的小组组建设置。这样开学第一天就一切进入正规，避免了开学后再来进行人员的调整，带给学生不必要的"浮躁"。

　　2017年寒假第一天，幸福1班的孩子们就没有闲着，我们开始了新的小组组建。这个活动上学期举行过一次，受到了孩子们和家长的热烈欢迎，不仅锻炼了孩子们的能力，也增进了彼此的了解与友谊！

　　我们具体的操作办法：

（一）期末家长会上发放小组组建细则

七中育才学校初2019届1班第二次小组自由分组方案

A组：（组建人）

B组：

C组：

D组：

注意事项：

1. 全班分为A、B、C、D四个小组，人数平均分配，但是分组原则不是按照成绩，而更多是考虑到性格因素。比如我会把能力比较全面的分一组，这样每一组都有领头羊。把比较活泼、浮躁的同学分一组，这样相对喜欢讲话的同学就被分散。把性格内向的同学分为一组，可以避免个别小组比较沉闷，不积极参与课堂互动。

2. A组同学为组建小组组建人，但是不一定就是组长，组长可以在小组内部选举产生。我要求三年内，每个孩子都要当一次小组组建人。

3. 要求必须在B、C、D中各一人，必须有男生和女生，根据班级具体的男生与女生比例，还可以规定男生与女生数量。

4. 每个组建人在选择组员、组员在选择组建人的时候必须秉着对自己负责，对组员负责的态度，慎重思考。

5. 组员一定想清楚了再答应组建人邀请，不可朝秦暮楚，这是不守信用的表现。

6. 1班的每个人相聚都是缘分，每个人都有值得欣赏关注的优点，希望13个组建人好好协调，不要让任何一个同学落单，我们是真正的一家人。

7. 希望组员不辜负组建人给自己的信任，下学期积极为小组操行分争光，向五星小组进军。

8. 在1月20日之前（大约方案下发10天左右），组建人把以下小组信息上报给老师。缺一不可，不然视为小组没有组建成功。

（1）小组名称。

（2）小组成员。

（3）小组组长。

（4）小组口号。

（5）小组分工（学科作业分别谁收，谁负责清洁，谁负责纪律）。

（6）每位小组组建人，需要完成一篇小组组建心得，讲述在组建过程中的酸甜苦辣。注意语言尊重同学，上交电子文档，字数不限，但是请认真对待！

9. 方案的背面印上所有家长的联系方式：

（1）在放假期间，方便同学之间的联系；

（2）孩子在给同学家长打电话的过程，其实也就是交流的过程；

（3）家长可以充分参与到孩子的小组组建过程中，给予必要的引导。

（二）小组自由组建

接下来的10天左右时间，孩子们之间通过电话、QQ互相沟通，家长的积极性也被充分调动起来，参与到孩子的分组，给予建议。

我在家长会上，告诉家长们，在这个过程中家长要注意自己的"位置"，引导而不是操控。尤其不要当着自己的孩子说别人的坏话，这样不是教育，这样培养出来的孩子心理并不健康。而更多地说"我觉得谁不错""我觉得谁更好"，而不是在背后搬弄是非。教会孩子更多地看别人的优点，积极地向他人学习。

在组建过程中，有个别同学"没有人接纳"，那么这个过程中班主任就要及时监控，充分了解情况，主动关心，积极沟通。甚至可以带着这个孩子一起"找小组"，给小组长和组员做出承诺。班主任也要给所有组员表现出充分信任这个孩子的态度。我相信这个过程对于这个孩子自身也是一种教育。

在2019届1班第二次小组组建中，所有孩子都找到了自己的合伙人，我给家长们发了一条短信："短短几天，新的小组组建全部完成，没有一个孩子掉队，充分体现了我第一天给孩子们讲的'我们是一家人'的理念，而且明显这次家长的参与度更高，感谢优秀的1班家长，优秀的1班孩子"。

下面是1班孩子们上交的小组组建情况：

小组名	组长	组员	口号
无肉不欢	奚千越	贺巧、马盈帆、曹佳宇	无肉不欢，无合不中。
鹏程万里	吴明轩	于易炀、李柯颖、颜锦宇	再长的路，一步步也能走完；再短的路，不迈开双脚也无法到达，迈开脚步展翅高飞。
四次方	赵雨珂	郭文冉、陈蕾蕾、潘康	人之所以能，是因为相信能，而还未去到我们想去的地方，我们怎能在中途返航？
King Back	钟林希	李思颖、付宇航、游乐	最好的我们在最美的年华相遇，未来还长，我们一起加油。
人丑就要多读书	郭潇云	王秋懿、赖嘉雯、杨熙临、任俊潮	富强　民主　文明　和谐　自由　平等　公正　法制　爱国　敬业　诚信　友善
天道酬勤	赵君婷	李星瑶、董濯菱、陈豫川	机会留给有准备的人。
花漾青春	辛思颖	余枝蔓、林昆鹏、张庭崧	青春无畏，大步前进。
skinner team	赵欣宇	赵思涵、刘一沐、黄之爱、赵欣宇	即使现在，对手也在不停地翻动书页！
动点	梁铭实	梁铭实、曾静远、张逸杰、杨薯颖	你有你的选择，我有我的方向。不怕在自己的梦想里跌倒，只怕在别人的奇迹中迷路。只做自己直线的主人，不做别人轨道的终点。
梦之翼	李萌佳	黄千寻、冯昌豪、于顺子	挫折，折断不了我们翱翔的翅膀。
微笑的风信子	董韵涵	刘祖奇、刘羿阳、朱紫菡、	只要点燃生命之火，便可享受丰满人生。
银河灿灿	冯倩语	陈心悦，陈婉熙，斯宇凡	繁星点点，银河灿灿。我们在哪儿，光就在哪儿。
麒麟斋	张曾棋	幸定坤、邱涵宇、汪周	宝玦麒麟起，御风化龙，沙场万里骨，唯我称雄。

　　小组自由组建的过程，就是学生自我教育的过程，我让每一个组建人都写了"小组组建心得"，从中能看到孩子们通过这样活动的自我感悟。

　　吴明轩：组队真不是件容易的事啊！刚开始我觉得从53个人里面选3个人那还不容易。我先打电话给于祎炀，不出我意料他爽快答应，我沾沾自喜，于是开始在其他组找2个女生。但是情况出现反转，一打过去好多同学都被选了，有些同学答应考虑，我一下慌乱了，等待变成一种煎熬，选择变得如此纠结！感谢李柯颖晚上给我打电话同意加入，还差一个人，我赶紧在最后一组里寻找，然而没结果，都被选了！我开始紧张害怕组建不成，于是在同一组里选了2个人。为了自己的小聪明我违反了组队规则，结果被叶老发现，给我指出这样会造成其他小组组队困难，让我迅速调整人员。颜锦宇，颜学霸，谢谢你！在最后的紧要时刻同意来我这里，让我们组如虎添翼！冯昌豪，感激你！如此宽容大度，原谅我的过错！叶老，对不起，你虽然没批评我，但我知道错了！这次组队让我知道不管任何情况下，我们都不能随意破坏或改变规则，组队如此，学习如此，人生更如此！

　　赵雨珂：这次，也是第一次小组组建，我深刻体会到了组长真的不易。一个人打电话去问，在拨通电话号码的时刻那种紧张，那种期盼，都是独一无二的感觉。被婉拒后的失落，被肯定后的高兴，令人印象深刻。先是文冉姐主动给我打的电话，那时真的是非常的开心，有一种被人肯定了的感觉，后来我找了潘康和蕾蕾，等他们同意加入我的小组时，我的心中才有一块儿石头落地的感觉。在创建组名与组训的过程中，我发挥了我的洪荒之力，与我的伙伴们左思右想，经过了重重选拔，肯定了方案，当看到新鲜出炉的组名与组训时，心中就会有一种成就感。感谢小组成员提供了许多好方案。当我再一次想起这个小组的时候，我就有了一种战友的亲切感，在下一个学期，我们就要坐在一起取长补短，共同努力了。我也想到，他们答应参加我的小组时我的心理感

受，更多的是感动，后来我和我的一些小组成员打电话、发QQ，聊了很久，交流了许多的事。在那一刻，我感觉其实我们比任何时候都要离得更近。感觉每个人都有点激动。作为组长，一步一步地去规划确实很累，但这个过程，这种复杂的心情的起落，都让我格外的难忘。当完成所有的整理工作后，我似乎感觉我又向担当迈了一步，感觉好像自己挑起了一个担子，不敢松懈。我也明白了昔日的组长大人的辛苦，感谢思涵的付出，组长真的操心。想到了下一个学期，可以与我新的小伙伴并肩作战了，有一些小期待，我现在对我们的小组充满了信心！

赵君婷：非常感谢叶老把这次组建小组的任务交给我。在组建小组时，我首先向D组的李星瑶发出邀请，因为我认为李星瑶的性格很好，学习非常踏实、谦虚、善良，她也很爽快地答应了我的邀请。之后我在C组找到了杨熙临，但他告诉我他已经加入小组了，我马上打电话给董濯菱，向他发出邀请，因为老董人很好，有什么他都会直接告诉你，他马上就同意了。我挺高兴的，认为组建小组不是我开始想象的那么难。接着我向B组的曾静远、王秋懿、黄千寻发出邀请，但是她们也都加入小组了。我开始有点着急了，赶紧给妈妈打电话发短信，妈妈没有回话，于是我就打电话给老董，和他商量B组选谁比较合适，老董把B组男生的名字说了一遍，问我介意让男生加入吗？我说我不介意男生加入。由于我对我们班的男生不是特别了解，于是我打电话向叶老求助，叶老向我推荐了3个人。我就挨着打了一遍电话，没想到前面两个同学都加入小组了，接着我向陈豫川发出了邀请，因为他平时上课不太爱发言，把他邀请到是最好不过了。陈豫川马上也同意了，终于小组的成员都成功邀请了。在这次组建小组中，我要感谢董濯菱想出的小组组名，以及李星瑶推荐我当组长。希望我们在新的学期有一个新的开始。

孩子们的想法可能还比较幼稚，能看到他们在不断观察他人、适应他人、融入集体，这就是难能可贵的。组建过程中的酸甜苦辣其实和我们这个社会是一样的，如何成为一个受人欢迎的人，如何去寻找别人的优点，如何与不同性格的人相处，这些都是学问。仅教理论是不行的，只有孩子们自己去磨合！

 环节二：小组文化建设

五星小组评比

学生每周的操行分评比分为两条线，一条线是个人的操行分，还有一条线是小组的团队评比。只有将学生置于小组团队之中，给予组长一定的压力，给予每个组员一定的任务，这样的小组建设才有活力。

每一位五星小组成员都会获得一张特制的奖状。这是一个集体的荣誉，代表我们一起为了共同的目标而努力所取得的成绩，是值得我们骄傲与铭记的。

小组记录本

每个小组都会领到一个小组记录本。

这个记录本成了孩子们每天最好的情绪宣泄地，孩子在里面无话不谈，五个孩子轮流记录。有的画画，有的创作诗歌，不仅可以使我真实地了解班级每天的情况，同时也可以起到调剂孩子们的心情，增进同学间友谊的作用。

2017年开学的小组记录本，封面我选择了寒假大热的电影《西游伏妖篇》。有人这样形容周星驰的《西游降魔篇》——就是团队的组建！应该说我们完成了第一步！我们小组组建的过程比唐僧师徒四人的集合还要辛苦呀！希望大家能明白组建人的良苦用心，既然大家走到了一起，我们就一起努力，为小组争光，为班级争光，新的学期，新的面貌，对得起这个寒假组建人给你打的这个邀请电话！不过接下来的路可能更加辛苦，就像西游的第二部《西游伏妖篇》，过程中不仅困难重重，妖精多多，师徒四人也需要新的磨合，互相体谅，坚定信念。上学期我们每个同学都读了《西游记》的原版小说，我相信我们新的征途中一定能"苦练七十二变，笑对八十一难"。

《成都日报》曾经这样报道我们班的小组记录本：

开学报到这一天，七中育才水井坊校区初一1班的孩子们除了领到新课本外，还拿到了一本别致的"小组记录本"。记录本很有特色，除了封面是最近大热的电影"西游"动漫版海报外，本子里还设有"今天心情如何""上课情况""作业上交和完成情况""今日我们组最有趣的事""今日班级闪光点"以及"今日最想对组员说的话"等6个需要同学们填写的板块。而一问才知道这已经是同学们收到的第二个"小组记录本"了。

"小组记录本这个事情我在四五年前就开始在做了。"叶德元老师说，每个学期开学前，我都会让学生们4~5人自由组合成立班级小组分成员、组长，每个小组自己设计吉祥物，由组长写篇小组成立感言等等。为了让孩子喜欢，小组本的封面每学期也主题不一，现在这个班去年的本子封面是"大鱼海棠"，今年就是"西游"。而每次开学报到这天，我就会首先把"小组本"发下去。

哪个男孩子暗恋哪个女生，哪个学生对老师的一些行为不满，哪个孩子这段时间情绪不好……在"小组本"里，学生们用绘画或文字的方式，记录、讲述着每天自己的真实感受。叶德元老师谈道，很高兴学生愿意在"小组本"中坦白自我，但同时自己也从没把小组本当作"告密本"。遇到问题，自己都会先认可学生愿意与自己真诚交流、说心里话，然后再去了解情况、解决问题。"'小组本'让孩子们有了情绪发泄的窗口，搭起了学生与我交心的平台，同时也记录着他们的成长。"叶老师说。

据介绍，叶老师还会在学期末，把"小组本"给每人复印一份，并把小组成员彼此的寄语夹在本中，发给孩子们留作纪念。

自由组建的小组成员

小组文化

"五星小组"评比

小组会议

　　当小组内部出现矛盾或者组长觉得需要通过会议协调的时候，可以给班主任申请召开"协调会"。地点可以在老师办公室，也可以自选。时间可以是中午吃饭的时候。这样在一种轻松的氛围中协调小组内部事务。班主任只做列席，不参与讨论，让学生自主解决问题。如果遇到不能调和的时候，班主任可以出面，但是更多的是在尊重学生的前提下处理矛盾，充分相信孩子们的能力。

小组长经验交流

小组内部协调会

我给小组画张像

小组活动

小组精彩展示

家长会小组长直接面对家长

班级活动都以小组为单位展开

小组评价

期末可以评选优秀小组、优秀小组长，也可以通过一些活动感谢小组长的付出，调动小组的积极性。

评选优秀小组长：每个组员要给自己的组长拉票，说自己组长的优点，以及表达对小组长这学期付出的感谢。

期末小组评语：期末小组成员彼此之间要写评语，这既是对彼此的评价，同时因为下学期又要重新选小组，这份评语还有寄语的意味，渗透着浓浓的同学情谊。

彼此写下小组同学间的评语

十一月
November

十一月是秋天的骊歌，秋叶凋了，凉意起了，三年中的每个十一月都是忙碌的。特别紧张，许是和18班在一起的缘故，我们也不时地想那段时光。突然，十一月的步伐慢了，灯亮着，风起了，叶凋了，但我们在一起谱写着青春的故事。

2013届18班学生：吴学枞

特色活动五、感恩节

真没想到，我会收到他的卡片！

节|日|由|来

感恩节，是美国人民独创的一个古老节日，也是美国人合家欢聚的节日。感恩节初时没有固定日期，由美国各州临时决定。直到美国独立后的1863年，林肯总统宣布感恩节为全国性节日。1941年，美国国会正式将每年11月第四个星期四定为"感恩节"。感恩节假期一般会从星期四持续到星期天。

据说在欧洲人入侵美洲129年之后的1621年，普利茅斯殖民地的英国移民首次庆祝了感恩节，这批来自英格兰的清教徒1620年乘"五月花"号船来到马萨诸塞州的普利茅斯。他们在当地印第安人的帮助下，学会了种植玉米、狩猎、捕鱼等本领。在第二年欢庆丰收之时，英国移民邀请印第安人一起感谢上帝施恩，因此有了第一个感恩节。首次庆祝盛典延续了三天，清教徒们和印第安人分享了丰收后的美食。但那三天盛宴没有留下什么历史记录，存活下来的印第安人不认可这个传说。真实的情况是，由于欧洲人带来的瘟疫，印第安人像苍蝇一样死去，现在康涅狄格州的佩科特部落（印第安人的一个分支），在欧洲人来到时有8000人，到1637年只剩下1500人，而那年才是白人官方首次宣布庆祝感恩节，白人当时是为了庆祝他们在康涅狄格山谷对佩科特人的屠杀。

活 | 动 | 背 | 景

其实感恩节在美国是一个家庭节日，全国各地的每个家庭，丈夫和妻子、孩子和老人，从市到镇、从镇到乡、从乡到庄，都回到老家共度节日。回不了家的人也打长途电话和家人畅谈，分享感恩的事。感恩节的正餐，全国其实都一样。餐桌上总是摆满了各式各样的美味食品。主菜是火鸡，南瓜馅饼是所有人必吃的，目的是让大家记得当年印第安人曾送给第一批定居者这样的礼物。在大多数家庭里，饭后全家都会一起做一些传统的游戏。感恩节是一项愉快的庆祝活动，是一个家庭团聚的日子，是重叙友情的时刻。在那一天，就连单身汉也总是被邀请到别人的家里，同大家分享感恩的欢乐，感谢上帝的恩惠。这正是感恩节的意义所在。

基于感恩节的文化背景，我将班级活动的主题也定为"亲情""友情""感恩"的主题！

活 | 动 | 创 | 意

围绕"爱要大声说出来"这一活动主题，我希望孩子们大胆表达自己的一份谢意。不同的是，这份"感恩"可以多一点惊喜，让被你感恩的那个人享受到特别的温暖。因为，意外比意料之中更让人刻骨铭心。

活 | 动 | 设 | 计

环节一：我的"感恩"

往往我们在教育孩子们要铭记"感恩"的时候，最需要说谢谢的其实是我自己。一个个鲜活的生命，在12岁这个特殊的年龄和我相遇，这注定是美好的，是缘分让我们开始三年的情谊。不仅是这几十个孩子，还有他们背后的爸爸妈妈，以及每一双关注的目光，都值得我感恩。

2016年感恩节我写给1班全体家长的一封信

尊敬的1班家长，您们好：

我是叶老！

我给孩子们已经写了两封感谢孩子们的信，因为他们的到来让我可以继续享受我这份教师职业的幸福！

教师节，我给每个孩子的小学班主任写了一封信，是想感谢接力棒那头的那个人，感谢他们把孩子们的初中三年交接到我的手中，这是对我的信任！

今年感恩节，我给每个孩子做了特殊的感恩节卡片，他们可以写下文字，感恩同学，感恩老师。之所以我没有让他们在这个特殊的节日感谢您们，是因为我想把这个机会留给我自己！

日月如梭，我们认识已经快三个月了！从听说到了解，从陌生到熟悉，在今天这个特殊的日子里，我想说，感恩有您！

班级的发展、孩子的成长，离不开我们每一位家长的支持！

三个月，我见过你们的笑、见过你们的泪，看到了你们无限的期待，也感受到无助与压力！我们开心地陪伴孩子成长，有时也会出现意见上的分歧。其实这些都是正常的，就像我会感谢每一个有个性的孩子一样，如果大家都是"听话"的，要我这个老师也就没有用了！对于1班的家长，我也是这样的看法！

我们关注1班的孩子，是关注1班的每一个孩子！我们服务1班的孩子，是服务1班孩子的成长！

初中，是孩子一个重要的发展时期，但是更重要的是——成人。这一点比成才更加重要，而且在我看来是不矛盾的！而最好的教育就是我们的以身作则！家长的宽容、智慧、淡定、上进等诸多品质可以产生潜移默化的影响。

这些都是我应该感谢的，深深感恩的！所以这就是我写这封信的原因！在您们的眼中看到的是一个孩子，在我的眼中看到的是53个孩子，所以难免有做得"不合适"的地方，谢谢你们的包容和理解！还记得第一次家长会我告诉你们，每天放学我们对孩子最好的积极正面教育是什么？那就是你在门口等孩子放学的时候，你看到每个1班的孩子都可以微笑打个招呼，这就是——做人！很高兴，我们很多家长都能做到，我们心中有整个1班，所以良好的氛围让孩子越来越阳光，而最终受益的是你的孩子！

就在这周，有一个孩子在小组本上写到"某某某，在小学已经是老师眼中无药可救的人"。我不知道这个孩子小学时什么样，我反问我自己：这个孩子真的无药可救了吗？这个被定性无药可救的孩子心里会怎么想？生活在这个集体里的孩子，因为有个孩子被定义为"无药可救"，难道所有人都跟着这么认为？这是我们应该有的教育生态和班级生态吗？

回想我们自己求学的时光，班上也会有这样或那样的事情，你觉得最温暖的是什么？我想我们不会在意那个最调皮的同学，在乎的是那份友谊，或许这个同学现在过得比我们还要好！

有一天我被一个同学拉进了小学群，突然一个人单独加我微信，而且言语非常激动！说实话那一霎间我甚至想不起了这个人是谁，最后他告诉我一件事："叶元，你还记得六年级的时候，我们班所有人都不和我坐，班主任说你去找，要是有人和你坐你就可以不坐单独位置，然后你说，那就你陪我坐，你还记得吗？"

说实话我真的不记得了！但是这个同学记得，他一直都记得。而我不记得的是，他很调皮吗？欺负过我？我怎么都没有印象了！之后我告诉我母亲这个事情，她居然清晰地记得这个场景，说明她当时是支持的，而且她很为她的儿子骄傲！

三个月时间，在我看到的是家委会跑上跑下为班级每一个孩子服务！我看到的是哪个家长有困难，大家积极相帮！我看到的是，家长相邀一起在门口等孩子！我还看到有的小组家长自发组织在一起周末聚

会，建立良好的小组氛围！我还看到……

所以我说，感恩有您！教育可以是奖励，可以是惩罚，因人而异，因事而异。但是最终目的是什么？是点燃！点燃学生心中的那把火！永不熄灭的火！这个1班，这群可爱的家长和孩子，让我自己的这团火重新被激发，所以我说，感恩有您！教育是修行，教育是我们互相的成长，既有孩子，更有家长和我自己，没有交流、没有摩擦，就不会有了解、反思，也就谈不上进步。

所以我说，感恩有您！三个月，对于三年来说很短，三个月，对于孩子的一生来说，其实微不足道。更何况我们每个人都不能陪伴孩子走完他的一生。其实我们还要一起感谢孩子，感谢每一个孩子！孩子未来的路，必须他一个人走，我们谁也不能代替，我们不可能为他一辈子遮风挡雨，不可能一辈子为他披荆斩棘，今天他生命中的每个人其实都是贵人，也同样是一种考验，我们感恩育才，感恩1班，让我们这53个极富个性的孩子有缘走到一起，让我们53个家庭有幸三年系缘。

幸福的走、痛苦的走、纠结的走、闹麻了的走取决于我们每一个人！我喜欢心存感恩的走！各位爸爸妈妈，请和我一路，感恩前行！

叶老

2016年11月23日（感恩节前夜）

很多家长都给我回信或者留言，有些回信和留言涉及孩子的隐私，我不能每一个都发，选择其中两篇，感谢家长的信任、理解和支持！

感谢您！因为您的信，让我确信孩子拥有美好未来的信念被点燃、被加强。对孩子来说，是否能成栋梁之材，有很多不定因素，我不敢确信。但能否成人，能否成为一个堂堂正正、温暖别人的人，我在收到信的一刹那，心被温暖了，美好的信念被照亮了。因为从字里行间，我知道儿子身边有一位舍得爱、懂得爱的班主任。

因为您的信，让我在推进的同时，又能从容淡定。对家长而言，或许有比您更丰富的人生经历。但我们面对的是一个孩子，而不是53个或者更多的孩子。我们缺少的是关注面，缺少的是和初中生一起走过的那些经历，缺少的是和他们一起欢笑、一起流泪、一起成长的日子。我们对孩子的教育只能摸着石头过河，就怕那些缺乏，会让我们仅仅盯住当下，而忽略长远，忽略生命中最本质的东西。而您的来信，让我感动、让我放心。

环节二：给他一份意外的"感动"

学生们拿到感恩卡的欣喜合影

2016年感恩节，我为1班的同学每人准备了一张特别的感恩卡。相信我们从相识到今天的三个月，你一定能找到自己最想感谢的那个人！偷偷给他一份惊喜！

有孩子担心地问我："要是明天我没有收到感恩节的贺卡怎么办呢？"我告诉他，那有什么关系，你不是还送出去一张吗？懂得感恩不求回报的人最快乐！

下午交换感恩卡，体育课自由活动的时候一个女孩子偷偷溜到办公室找到我，"叶老师，你还有感恩卡吗？我一好朋友，我猜想肯定有人给他写就没有在意，但我发现他一张卡片都没收到，我很内疚，可以再补一张吗？"随后，居然又有五名同学找我要卡片，我知道这卡片又将承载他们的情感抵达目的地。

 环节三：感恩父母，证明自己

这是2013届18班在2011年的感恩节活动。那段时间初三年级一位家长的家长会发言稿《在爱的前提下》，在育才家长中被广泛传阅，文章真实动人，很多家长都觉得这个就是在写自己，不自觉中找到了很多共鸣！恰逢"感恩节"，结合这个主题，我设计这次大型活动，第一可以让孩子们在半期以后再次深度反思自己，给孩子们提供一些学习的经验和方法；第二可以让徘徊无助的家长感到信心，找对门路，学习先进的经验，帮助我们的孩子进步；第三可以让孩子们找回自信，重塑信心，为期末考试的准备吹响号角。在感恩节这个特殊的日子里再次表达对父母的感激，谢谢您们，谢谢您们陪伴我们一路向前，风雨兼程！

本次感恩节中，首先，家长提前阅读《在爱的前提下》，写下自己的感言；其次，全班同学学习初三吴同学在半期总结会上朗读发言稿；接着，感恩节前夜全班同学完成"感恩父母，证明自己"的感恩节作文，感恩节当天下午进行小组内部交流，互相学习反思，共同进步！然后再进行小组推荐，选出优秀文章张贴在黑板报栏，成为大家学习的目标；最后，由班长牵头，形成18班冲击期末考试的统一作战指导思想！

这个感恩节，我们不说空话，用实际行动去感谢我们的父母！

某位孩子妈妈：读了文章感受颇多，某些方面如同自己的亲身写照，实际上，在对孩子教育时，自己一直都在不断地总结，找一个适合她的学习方法。每天我们共同学习，放弃了很多休息的机会，但是孩子取得的成绩不尽如人意！作为家长我们应该给孩子更多的鼓励，特别是英语，这是孩子最弱的学科！哪怕孩子进步一名，我们都会大力表扬，增强她得学习信心！正是在这样的信心支撑下，她从来不气馁，仍保持积极向上的学习态势，我想通过我们的努力，孩子最终可以交一份满意的答卷。

某位孩子妈妈：可怜天下父母心！说实话，有两点我完全赞成：一是不管多忙，必须每天和孩子聊天，不隔心不隔事（包括她的、我的，所有认为重要的，想说的），在晚餐时交流，可以像朋友一样完全放开。二是无论怎么样，家庭是温馨和谐的，可以尽情欢笑，少有责备，多点反思、鼓励，放平心态！

某位孩子妈妈：读了文章，首先是佩服，为了孩子，把自己所有的一切，割裂成无数碎片的决心和付出，的确不是所有人都能做到的。其次是认同，在对孩子教育的目的无论是成长还是成人上，我们也感觉成人应该是首要的，在条件不具备时，有一个健康的人生是何等的幸福！应该这是每一个做父母的对孩子最大的希望，成人是目的，成才是目标，天高任鸟飞是过程，这是我们培养、教育孩子的宗旨！

某位孩子妈妈：孩子并不能按照当初的想法顺利成长！总是存在这样或那样令父母纠结、焦虑的问题！面对这些问题，作为父母是愤怒、抱怨，还是协同老师、孩子来共同化解这些矛盾呢？作为父母，我们应该理智意识到，这些问题的出现和家长、孩子息息相关，父母必须加强与孩子的交流沟通，不仅在生活上关心他，做好他的后勤保障，更要从精神上抚慰他，帮助他建立一个美好的精神家园。

在这些回信里，有一封很特别，家长说："每个人都应该做自己该做的事情，孩子做的事没有做好，于是父母做的事就多了几百倍！哪怕多出几千倍，当父母的还是不会推卸！"多好的父母呀！言传身教，孩子一定学得有责任，活得有尊严！

同学们正在写"感恩父母，证明自己"感恩卡

可能这个家长自己也没有想到，当孩子交上这份回执单的时候，在后面加了一段话，"如果说一个中学生真的要像文中的孩子那样，让家长把所有的事都陪他一起做，那父母的生活不就完全以你为中心了？我并不认为这是'活得有尊严'的一个学生，只认为他是在自身没有做好后依靠家长补救的学生呀！叶老，难道我们读十年的书，就非要让父母和我们一起再读十年吗？真的作为学生和子女都要像文中一样吗？可能我是自以为是，但是我认为父母也有自己的生活要过呀！"

我笑了笑，这就是"感恩"！！！

 ## 环节四：直白点也不错

2010年感恩节，我们班发起了"感恩学校、感恩父母、感恩老师、感恩小组同学"的活动，一起来看看我们的感言。

"西窗听雨"小组

感恩父母：我睁开了眼，我看见了你，我最亲爱的父母，自从认识你们开始，我就明白，我从不可能将你们对我的恩情全部报答，还记得我幼小的嘴中发出的几个音节吗"爸爸、妈妈",还记得你们那时是否感动过?还记得你们开玩笑似的说着,我长大后说不定几个月才能看到我。我是否在那时忽视了你们眼中的怅然?幼小时的指导,成长时的磨难,长大后的训斥,还有更多,更多……那些事好多好多我都忘记了,你们是不是也忘了?你们没有忘,你们是我成长的见证,你们将我的成长刻在脑海。岁月十载,白驹过隙。此刻,当我拿起笔,想要写出一些故事和言语,我甚至在脑海幻想出了长篇长篇的文字,颜色泛着微黄。可在实际的笔下,写下的字竟如此零散。我早已不知写什么好,或许只写两字"谢谢"。

感恩学校:在小学我是一个坏孩子,是育才给予我走入正轨的力量。感恩是每一个人应该做到的,但是我相信很少有孩子会感恩学校。而我要感恩我的学校,谢谢育才给我机会,带我走上正轨,给予我力量让我不再怕苦,让我把痛苦化为了动力,感恩你,我的学校。

感恩老师:在小学我不是很爱学习,让我改变态度也只有您了——老师。到育才之后我知道后悔了,为什么不把教育严格一点,但他们毕竟也是我的老师啊!你们把我从无知带到智慧,我和你们在一起的时间甚至比和父母一起的时间还长!老师我想对你说:"谢谢您!"感恩您,我的老师。

感恩同学:在小学喊兄弟,在中学才懂得真正的兄弟是"忠言逆耳",不再是街边喝可乐称兄道弟,而是互拉双手合作前景,与同学竞争、合作,三年过后有笑有泪,不是小学毕业前乱疯乱狂。老师传授知识,同学则能助我们运用知识,学会生活。感谢你,我的同学。

"梅花宝剑"小组

感恩父母:上了小学,每每遇到困难,受到挫折,回家总有你们安慰我们;遇到困难,总有你们迷途点津。在我们心目中,你们总是年轻,无所不能的。上了中学,学习越来越忙,每天早起晚睡,妈妈起得更早了,替我们做饭。作业真难!这一题怎么这么难做!问爸爸,他接过题,一遍一遍演算,我在一边看,猛地,一根白发在黑发中格外引人注目,看着父母写满疲倦的面孔,我想大声说,爸爸妈妈,我们感谢你们!

感恩学校:回首一望,已匆匆过去了七年,七年前的那一天,不正是我们进入小学的那一瞬间,从那时起,就注定我们将在这个既熟悉又陌生的地方

摸爬滚打。不久之前，我们又告别了小学，来到了中学，又接触了一个新的世界，这是一个温馨的家庭，领我们走向希望的未来。

感恩老师：懂得感恩的人，人也就变得愈加快乐！人们常说老师是我们的第二个父母，是的，他们如父母般地待我们，他们像一位位辛勤的园丁，声音虽早已喑哑，手上虽早已变成白色，但仍是这样地待我们。

感恩我的小组同学：日夜朝夕相伴的同学！谁知三年后，我们能否重逢？谁可知我们在经历风雨时，还能同舟共济？不，即使不能同舟，不能共济，但我们仍在一起！同学间，我们有痛苦可以倾诉，有欢乐可以分享，有求助，有帮助。我想说，让我们在知识的逆境中，一起努力共渡。

"疯狂宝贝"小组

感恩父母：多少年的辛苦，多少年的汗水！是您，爸爸妈妈！呵护着我，关心着我，用那有力的大手撑起一片蓝天。所有的风雨，你们来挡；所有的苦累，你们来承担。因为有了您们，我眼里的世界从此开始变得缤纷多彩！

感恩学校：学校，我求学生涯最宝贵的一段经历，让我这一生因为有了知识而对前景憧憬，是您，让我的生命有了知识——这灵魂的熏陶。不论您地处偏僻的乡村，还是处于繁华的城市中央，但您的目标是一致的：为中华的崛起而培养人才，为世界进步而创造伟人！

感恩老师：白色的粉笔，染白了您的头发。您把世界上最多的付出给了我们。可能有人会想，凭什么？凭什么我要付出那么多的心血？凭什么我要浪费那么多的时间？是什么让您有这么大的动力？那就是学生的活泼可爱和一张张灿烂的笑脸！您的辛苦，您的苦恼，我们都会永远铭记在心。

感恩我的小组同学：小组成员不仅是我们的竞争对手，也是我们的希望、伙伴和骄傲！让我们手拉手，同进步，实现个人及小组的奋斗目标！

2016届11班学生家长自制叶老生日视频（视频二维码）

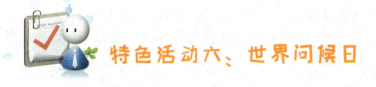

特色活动六、世界问候日

喂，朋友，你还好吗？

节 | 日 | 由 | 来

1973年11月21日，第四次中东战争期间，为促进埃及与以色列之间的和平，来自澳大利亚的姆可马克与米切尔两兄弟，自费印刷了大量有关问候的宣传材料寄给世界各国政府首脑及知名人士，向他们阐述设立"世界问候日"的重要意义，第一个"世界问候日"就此诞生。

"世界问候日"成为全世界祈祷和平的一个节日，如今已有146个国家响应。联合国还曾经发行过一套"世界问候日"邮票，希望人们借助信件传递友爱，给每个人都带去一份好心情。这个温馨浪漫的节日，让忙碌的人们感受到别人的关怀，促进人与人之间相互关心，共同建设和谐社会。

活 | 动 | 背 | 景

我在11班做"世界问候日"的活动纯粹源于一个偶然。那是初二年级的一次半期考试，我们班整体考得不太理想。孩子们和老师都有一些失落，感觉自己的付出没有回报。

这个时候，召开科任教师会、学生座谈会、家长会十分有必要，大家一起找原因，想对策。但是我们都知道学习的提升不仅要有好的方法，更要有好的心态、愉悦的心情。面对"受到打击的班级风貌"，无意中听到了"世界问候日"，于是借用这个"名号"，我突发奇想就策划了这个活动。

活|动|创|意

我读书的时候，有一次老师很好心地找我谈话，但是反而起到了反作用。从他办公室出来，我不但心情没有变好，反而更糟。我理解老师的用心良苦，但是正确的沟通、有效的沟通真的很难，毕竟我们面对的个体不同，对别人的背景情况了解得不那么充分，所以沟通是一种很难的艺术。

我想，与其如我去给孩子们沟通打气，不如让孩子们彼此之间去调和，青春期的孩子更加依赖的不再是父母和老师，而是伙伴。而形式上则是借鉴了那段时间微信上很有名的一组照片，即父母双方举牌对话。

活|动|设|计

 环节一：冬日问候

11月21日是"世界问候日"，对于每个人来说这都是一个温馨的节日，我们需要做的很简单，只要对遇到的人发出真挚的问候，或是传递一个甜美的微笑，就会把快乐带给整个世界。这个温馨浪漫的节日，让城市中忙碌的人们感受到别人的关怀，促进人与人之间相互关系，共同建设和谐社会。

今天我们以特殊的方式互相问候，特别是在半期考试后，给同学一个微笑、一句问候，会增进我们的友谊，让我们倍感温暖！

为了调动活动氛围，我们的第一份祝福送给在英国进修的皇老英语老师、在美国学习的安先昊同学（因为父母工作的调动，在美国学习一年）、当天在家冲刺托福的唐一鸣、生病在家的伍海韵同学。

　　每个同学收到我发的两张纸，第一张纸写下一句问候，心里想着一个人，然后带着你的问候，走近朋友，让他给你回一句，全班沸腾了，温馨与感动在空气中蔓延！

　　活动一开始，同学们纷纷走下座位，来到同学身边，沉闷的班级氛围一下就活跃起来了。半期考试的"雾霾"瞬间驱散。

　　或许有人会觉得这个活动有点形式化，但是在我看来，我们的目的不就是让孩子们放下包袱，重振旗鼓继续前行吗？这样的笑，这样的乐，可以说已经达到了调节心情的作用。或许他们写的内容和考试无关，但是笑容的背后就是一种乐观，就是我的班级风貌。

我们举着"皇老""小安""小唐""小伍"的名字，我们给你们送上最诚挚的祝福！

问候日

同学间

不一样对话

十二月
December

　　十二月很静，静的看得见晨间六点的成都，每天披星戴月似乎都熟悉了那几条路，清晨的景色总是在我们眼中，现在也能依稀记得。初冬的第一缕阳光是伴着读书声的，大家都裹着厚厚的衣服，读的声音大了，也不觉得凉了。

　　常说十二月是年岁的尾声，尽管如此我们却并没有停下步伐。艺术节上的风采，历史课上的三国说做主，每一样都是我们不会蒙尘的记忆。还记得十二月份的生日，想念18班曾经住过的地方。初冬的暖意是暖的，十二月的晨是静的，也希望那样的夜和清晨能多一些，再多一些，回不去的记忆，却能在十二月的步伐中写下歌谣，就算寒意透骨，我们也能谱下属于我们的曲调。

2013届18班学生：吴雪松

每一个生命都值得歌颂

活|动|背|景

"生活在我们伟大祖国和伟大时代的中国人民，共同享有人生出彩的机会。"这是习近平总书记对中国梦的精彩阐述。

中央电视台推出大型励志真人秀节目《出彩中国人》，节目在全国范围内寻找各行各业的劳动能手和行业标兵担任出彩候选人，候选人通过展示才艺而评选出"出彩之星"。在《出彩中国人》的舞台上聚集了各色才艺，充满了多元化和趣味性，追梦者的梦想更传递了一股正能量的暖流。这一活动是对普通生命的歌颂，告诉我们每个人都有出彩的机会。我们借鉴这一理念，每年评选"出彩育才人"。

活|动|创|意

这个活动体现了"育才人""出彩"两个词，紧扣了育才校训"卓尔不群，大器天下"。"育才人"，这是一个面向所有孩子的活动，每个孩子都可以积极申报参与。体现了我们活动育人、全面育人、全程育人的特点；"出彩"，即每个人都要去发现自己、同伴身上的出彩点，我们虽然平凡但不普通，我们每个人都有"过人之处"。这也是教会学生自我认知、自我发现的过程。

这一活动相较之前每个学校都喜欢做的"三好学生""优秀学生干部"等评选活动，更能体现对生命的尊重，做到真正的"个性化"育人。

活|动|设|计

每个孩子都有闪光点，这是育才德育"万物生辉"的重要理念。12月，又是一年收获的月份，七中育才推出的"出彩育才人"活动是以前"卓越学子"升级版。为了把这项工作做得更好，评选工作秉着公平、公开、公正的原则，我也第一时间全程在博客上为家长直播我们班此次评选的全过程，让所有家长都来见证这次活动的公平性。

在动员会上我告诉孩子们，认真对待一件事情，不要敷衍，尽管事情不大，但是要认真去完成，把小事做大，做精，是一种品质！正确看待评选结果，这个过程需要我们每个人的积极参与，我们都是这个班级的一份子！我们都有闪光点，每个人都有，我们要挖掘自己的亮色，同时夯实我们的底色！

 环节一：学校启动日

利用好集体朝会时间，拉开活动的序幕。七中育才非常重视每周一次的升旗仪式，有主题，有层次，并且形式多样。除了我们传统意义上的"升国旗""国旗下的讲话"活动之外，学校许多的大型活动都会利用这个平台进行仪式启动或表彰总结。这样就使得枯燥的升旗仪式变成学校德育课程的重要组成部分，学生有专人负责这一块工作，周周新、周周奇、周周精彩，升旗仪式成为学校师生最期待的每周第一课。

利用升旗仪式，举行隆重的"出彩育才人"启动仪式。下面是学校规定的"出彩育才人"活动候选项目，根据七中育才学子必备的十大好习惯，学校给出了20个候选项，在此基础上学生还可以自己申报"自选"项目。

育才学子十大必备好习惯	序号	项目
热爱运动常锻炼	1	参加体育锻炼最积极的人
幸福人生书相伴	2	最爱读书的人
干净整洁善整理	3	仪表形象最规范的人
	4	最热爱劳动的人
	5	书桌抽屉最干净整洁的人
乐于沟通善表达	6	表达能力最强的人
	7	上课发言最积极的人
	8	最有艺术修养的人
主动问好常微笑	9	见面问好最主动的人
	10	课间休息最文明的人
心怀他人能担责	11	最称职的科代表
	12	最称职的小组长
	13	最乐于助人的人
	14	最有责任心的人
承诺是金应兑现	15	最守时的人
自己的事自己做	16	自学能力最强的人
	17	学习进步最大的人
做事明确有计划	18	组织管理能力最强的人
	19	学习方法好、效率最高的人
一件事情做到底	20	意志力最强的人

播下一种行为，收获一种习惯；播下一种习惯，收获一种命运。我们希望每一个育才学子培养十大好习惯，收获属于自己的幸福人生。活动初期，每位同学先在班上自行申报项目，通过演讲、视频展示、师生推荐等多种形式展示介绍自己的特长。然后再通过同学公开投票，确定项目和人选。

我一直认为教育的最高境界就是给学生"可选择性"，为什么我们的每一个活动都有那么多花样，因为我们相信这么多的候选项目中总有一项是学生喜欢的。当然"出彩育才人"的候选项还可以自定义，符合学生个性成长规律。

环节二：班级启动日

利用班会课，我们班进行了"出彩育才人"活动的班级海选，每个同学有30秒时间阐述自己的学校规定项目和自选项目（每位同学自主申报一项规定项，再自定义一个自选项），且要说出自己的评选理由。

规定项要进行比赛，如果有多人申报采取全班投票制。自选申报项也必须要过半票才能通过。每年"出彩育才人"活动现场相当热烈，有的同学一说，大家就频频点头，也有同学引起了大家的质疑。尽管如此，同学们对活动的重视，对活动的积极参与本身就是一种自我认同、相互学习。

除了学校的规定项目，自选项也是非常有趣而丰富的，它弥补了规定项的不足，将孩子们身上值得歌颂的地方展示了出来。我认为这样的教育有温度，是真教育。

11班申报的自选项目有：最具挑战精神的人、最有孝心的人、在学习上最拼搏上进的人、徒手拆高达最快的人、完成作业最快的人、与大家关系最好的人、书写最好的人、演讲最自由的人、最热爱建筑的人、对圣经最了解的人、最爱玩电脑游戏的人、最有公德心的人、最会体谅他人的人、最爱笑的人、最了解信息化战争的人、自习最安静的人、最喜欢数学的人、最有正义感的人、隶书写的最好的人、对军事最感兴趣的人、最具有创新思维的人、最遵守运动规则的人、打乒乓球打得最好的人、背书最牢的人、最热爱羽毛球的人、最不怕困难的人、爱好最广泛的人、笑点最低的人、最爱养东西的人、最热爱萨克斯的人、最爱让座的人、乐器水平最高的人、最能找到

信服感的人、观察力最敏锐的人、整理笔记最认真的人、最踏实的人、参加活动最积极的人、对人最友好的人、钢琴坚持最好的人、最谦虚的人、最诚实守信的人、最愿意为班级付出的人、最爱向老师请教的人、最爱写小说的人、自习课最认真的人、最尊师爱友的人、最善于写作的人、作文最真实的人、最乐观的人、最安静的人、写小说最拿手的人、永远不会迟到的人、最关心同学的人、最幽默搞笑的人。

 环节三：学生填写申请表

　　班级演讲后，每个孩子都要填写一份申请表，主要内容包括申请项目（规定与自选）、申请理由、一位同学的推荐、家长的推荐、班主任的推荐。

　　其实这份申请表已经包含自评、互评等板块，学生在申报的过程中认真审视自己，同时也得到同学、老师、家长的肯定与鼓励。家长的融入是一大亮点，不仅拉近亲子的关系，也能让家长可以静下心来去欣赏孩子、观察孩子，与孩子一起成长，收获幸福。

2016届11班"出彩育才人"海选（视频二维码）

环节四：班级投票

根据同学们的申请，我精心准备了选票，公平、公正、公开选出大家心中的出彩人。另外，根据学校的要求，每个班推选一名校级"出彩育才人"，也通过这个投票产生。

"出彩育才人"选票

项目	候选人	投票	项目	候选人	投票	项目	候选人	投票	项目	候选人	投票
参加体育锻炼最积级的人	陈毅		仪表形象最规范的人	孙一啸		表达能力最想的人	何家霖		最乐于助人的人	冯小龙	
	白宸			陈浩建			伍海韵			陈昭	
最有责任心的人	王海翔		自学能力最想的人	尹沫文		学习进步最大的人	曹俊珑		组织管理能力最强的人	孟展达	
	张北斗			周欣彤			陈泽邦			张一智	
最爱读书的人	牛睿杰		最热爱劳动的人	曾梓健		最有艺术修养的人	戴语轩		见面问好最主动的人	钱嘉杰	
	蔡梓涵			白昊			李夷			郝浩然	
	刘紫扬						李一可			王程谦	
	孙涵琦			周子添			贾了佳			杨紫琪	
	唐飞戈									蒲婉琪	
	樊竞海			李心童			潘奕西			贺星皓	
课间休息最文明的人	王沐可		最称职科代表	徐子寒		最守时的人	朱思怡		你认为最能代表11班的"出彩育才人"		
	陶昱涵			左元祐							
	程滟斯			唐馨竹			杨涵				
				景一航							
	王彬宇			张梓晗			向索祎				
自动入围	王云灏		王诗淇	黄靖婷		冯乐妍	钟琍				

注意：同一项只能选择一个人，打勾。

同学们在投票

　　经过第一轮投票后，在项目"最守时的人"上两位同学票数相等，我们又进行了第二轮的投票。老师对待工作的认真严谨、公平公正，是对学生最好的负责，同时也是一种榜样。今天的学生不需要我们的特别关心，而是公平、公正的爱。同时在校级候选人评选中，我们班张北斗同学获得了30票，超过半数当选为校级"出彩育才人"候选人。

环节五：班级"出彩育才人"结果公布

成都七中育才学校初2016级11班初二年级上期"出彩育才人"最后评选结果公布

学号	姓名	出彩育才人	学号	姓名	出彩育才人
1	牛睿杰	最具挑战精神的人	29	周子添	笑点最低的人
2	钱嘉杰	最有孝心的人	31	陈昊健	最爱养东西的人
3	陈泽邦	在学习上最拼搏上进的人	32	冯小龙	最热爱萨克斯的人
4	王彬宇	徒手拆高达最快的人	33	王沐可	最爱让座的人
5	陈靓	参加体育锻炼最积极的人	34	李夷	乐器水平最高的人
6	曹俊珑	学习进步最大的人	35	唐馨竹	最称职科代表
7	孟展达	组织管理能力最强的人	36	徐子寒	观察力最敏锐的人
8	曾梓健	最热爱劳动的人	37	黄靖婷	学习方法好效率最高的人
9	孙涵琦	最热爱建筑的人	38	陈昭	最乐于助人的人
10	唐飞戈	最爱读书的人	39	尹沫文	自学能力最强的人
11	白昊	最爱玩电脑游戏的人	40	杨紫琪	对人最友好的人
13	向索祎	最有公德心的人	41	李一可	最有艺术修养的人
14	贺星皓	最会体谅他人的人	42	周昕彤	最谦虚的人
15	孙一啸	仪表形象最规范的人	43	贾了佳	最诚实守信的人
16	蔡梓涵	最了解信息化战争的人	44	潘奕西	最愿意为班级付出的人
17	王海翔	自习最安静的人	45	冯乐妍	意志力最强的人
18	郝浩然	见面问好最主动的人	46	王诗淇	最称职小组长
19	景一航	最有正义感的人	47	陶昱涵	课间休息最文明的人
20	戴语轩	隶书写的最好的人	48	朱思怡	最尊师爱友的人
21	刘紫杨	对军事最感兴趣的人	49	李心童	最善于写作的人
22	张北斗	最有责任心的人	50	程滟斯	作文最真实的人
23	白宸	最遵守运动规则的人	51	杨涵	最守时的人
24	张一智	打乒乓球打得最好的人	52	钟琳	书桌抽屉最干净整洁的人
25	樊竞海	背书最牢的人	53	伍海韵	表达能力最强的人
26	左元祐	最热爱羽毛球的	54	蒲婉淇	永远不会迟到的人
27	何宗霖	最不怕困难的人	55	张梓晗	最关心同学的人
28	王程谦	爱好最广泛的人	57	王云灏	上课发言最积极的人

我们都是"出彩育才人"

 环节六：校级十强评选

在全班同学与老师的帮助下，张北斗同学制作了竞选视频。短短的三分钟视频展示了张北斗同学各个方面的优异成绩。这不仅是他个人的展示，更展示了11班良好的班风班貌，他的背后是所有同学、老师的支持。这样的活动表面上是一个人在舞台上，实际上是一个班级的整体付出与集中展示，对于凝聚班级、榜样示范有积极的意义。

为了这个活动，全校停课，每个同学都积极参与，通过观看候选人的竞选视频，人人一张选票，通过民主投票选出我们我们学校"出彩育才人"十强选手。

活动中，我告诉大家，每一个活动都有自己的价值，我不希望同学们一辈子都当选手，我们还要学会当评委。我分享了我以前当评委的经验，让孩子准备资料本，记录每个选手的优点。

观看完视频后孩子们（部分）写的感想：

王云灏：学习不仅是课内成绩的优异，更应是课外和社会上的表现，就比如"棋类高手""电影达人""博物馆讲解员"等，成绩并不能决定一切。

王程谦：我觉得人外有人，天外有天，每个人都付出了努力，的确很不容易。

蔡梓涵：正如叶老说的，也许这些人不是最优秀的，但他们是最能代表这个集体的，他们可能在某些方面不如别人，但是他们在另一个方面相当出彩。

孙涵琦：自己真的是井底之蛙，成绩并不是所有，必须有自己的特色，才能大放异彩。

陈昭：你不需要把每个优点做好，只要你有，你就值得骄傲。优秀的人是要把他喜爱的事情做到极致的。

杨紫琪：不能光仰望星空，还要脚踏实地走好每一天。

到了该投票的重要时刻，神圣而光荣，因为有了前期的认真记录，所以大家投票的时候不盲目，也很负责。54份选票代表11班认真负责的态度，希望孩子们从一个个活动学到严谨和认真。在这个过程中我们更多的是展示自己和互相学习，我相信同学们已经感受到了。

环节七：展示阶段

又是一周精彩的升旗仪式，学校为班级和校级"出彩育才人"颁奖，这些身边的榜样用实际行动证明了什么是优秀，孩子们感叹，"真的值得我们学习！"

他们是我们的榜样！希望同学们看到荣誉的背后是一份难能可贵的坚持！想得到不难，做得到也不难，难就难在坚持去做，这是最难的！

遗憾的是，升旗仪式时间有限，不能展示每个孩子的优秀，利用元旦假期，每个孩子都完成了"出彩育才人"的展示卡。育才人，人人出彩。班级专门做了一期外墙，我们在自己的天地闪光。至此，此次"出彩育才人"活动画上了圆满的句号，评比活动长达4个月，我想每个同学对"出彩"二字都有了更深的理解！生命精彩、人人出彩、万物生辉，为我们自己喝彩！

"出彩育才人"之书法达人

"出彩育才人"之朗诵达人

"出彩育才人"之表演达人

"出彩育才人"之十强选手

"出彩育才人"展示卡

"出彩育才人"展示外墙

张北斗同学"出彩育才人"竞选视频（视频二维码）

一月
January

一月，对18班人来说，既是一年的开始，也是一学期的总结。我们自制年代秀，在一帧帧年终回忆的画面前，一边欢笑着一边感伤着，看看身边的伙伴，做着新年的美梦。三年，三个一月，和18班在一起的时光总是过得那么快。新年的钟声悄无声息的便迫近了。很荣幸也很怀念，像元旦这样重要的时刻可以和18班一起度过。

2013届18班学生：姜泓坤

 特色活动八、班级学期十件大事评比

回望过去，幸福前行

活|动|背|景

作为老师，最不陌生的应该就是写计划、写总结、写反思。其实有时候我们会机械地把这些工作当作任务，然后去应付了事。但是当我们静下来思考做这些事的意义，埋首伏笔写一次总结，梳理一次成果的时候，你会发现其实很有意义。反过来想，我们的学生需要总结反思吗？当然，非常有必要。我们习惯了让学生去写考试反思、半期总结、复习计划，其实对于班级生活，也是可以的。

每学期我让孩子们回望过去，反思总结；评选班级学期十件大事，只为了让我们看清脚下的路，更好地前行。

活|动|创|意

活动不是简单的梳理事件，更重要的是，把学生、家长都融入班级生活。特别是在期末枯燥的学习和紧张的冲刺中，去主动寻找班级的闪光点、幸福点，其实也是一种减压。此外，增加"学生的大事""家长的感动瞬间"等活动让班级生活不再是空洞的，充满了故事，充满了人情味。

懂得回望的人，才会更加珍惜现在；懂得回望的人，才会继续幸福前行。

活|动|设|计

环节一：本学期班级十件大事评选

　　利用周末全体同学参与，完成了班级大事记的调查表!在这个调查表中，有两项，一是写出你觉得本学期重要的"班级五件大事"并注明理由，二是梳理自己本学期最感动的"三件大事"。

　　一般而言"班级五件大事"比较集中在班级一学期所开展的活动中，比如艺术节、运动会、外出旅游等。这是班级生活的集中表现，让学生在回味中认同班级，认同身边的老师和同学。

　　"自己的三件大事"则是从细节出发，让学生寻找自己的闪光点或者一学期的感动点。很多时候我们的班级活动在"完成任务"的前提下，忽视了对人的影响。这个活动的开展能让我们更好地去认识我们的孩子，学生也能更好地认识自己。

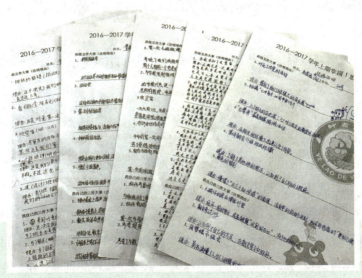

班级大事记调查表

同学们上交的选票

成都七中育才学校初2019届1班初一年级上期
"班级十件大事评选活动"选票（选十个在后面打勾）

序号	事件	投票	序号	事件	投票	序号	事件	投票
1	"最美相遇"白鹭湾骑游活动		11	竖笛比赛成都市第五，锦江区特等奖		21	叶老放学后和全班的谈话	
2	第一次大型考试：半期检测		12	评选班级吉祥物和班徽		22	拍摄班级2017年台历	
3	第一个班级活动：入窝证		13	感恩节互送感恩卡		23	午餐时看电影，享受欢乐时光	
4	秋季运动会，开幕式精彩亮相		14	每月叶老送生日礼物		24	科技活动月班级辩论赛	
5	科技活动月班级创意秀		15	拍摄学校20周年宣传片		25	班级看电影《奇异博士》	
6	走进剧场：看川剧《尘埃落定》		16	科技活动月科学家进校园		26	圣诞节看川剧《白蛇传》	
7	融入叶老的窝，新的班级形成		17	自习课越来越安静		27	外墙展示连续一等奖	
8	第一次自由组建新的小组		18	告别蒙老 迎来周老		28	教师节为初中小学老师送祝福	
9	投票产生新团员		19	升旗仪式展示班徽		29	班级获得文明班级称号	
10	第一季班级年代秀		20	叶老每月写一封信和我们交流		30	合作完成小组本并互相留言	

　　材料搜集好以后，我从孩子们写的"班级五件大事"中进行筛选，总结出30条候选，做成选票。

　　在班级活动中，投票是我们常用的方式，其实这也是班级民主的重要表现，班主任应该重视这样的活动形式。但是要避免直接的举手投票，虽然省事，但是却容易让学生觉得没有面子，特别是在"选班委""选先进"这样的活动中。所以我用心去制作"正规"的选票本身就具有一种仪式感，让学生觉得这是一件神圣的事情。

　　全班53个同学都参加了这次的投票，虽然30个候选项目都是来自学生，但是整个投票过程持续了近20分钟，可见大家都在认真的思考，每一个勾都是一段回忆，我相信在犹豫、纠结的过程中，孩子们一定幸福满满。

　　在孩子们的投票中，我们班所获得的荣誉、开展的丰富多彩的活动都排名前列并不意外，然而有两项跻身前十名，我有点意外。第一项是我们班中途换了老师，虽然过去三个月了，我们对以前的老师依然不舍，时常想起，这就是感恩，时常的感恩，而不仅仅是在"感恩节"那一天；第二项是我每个月给孩子们写一封书信进行交流。这种交流方式虽然老土，但是并不过时，文字透露出的情感有时候是语言不能替代的。一学期，习惯了我写，孩子们回，我再回……交流让我们彼此的心更近，班级越来越融洽。

　　良好的班级生态不能缺少的重要一环就是家长。幸福也应该和大家分享。所以班级的十件大事评选，家长的参与尤为重要。平日里他们眼中只有一个孩子，这个活动会让他们关注到53个孩子，整个班级。利用QQ群的投票和作业提交功能，有50个家长参加与了这项活动，很多家长都表示：每一项都想选，这一学期特幸福。

　　有了数据，就应该好好利用。我会把孩子们和家长们的投票结果做成精美的PPT和数字故事，及时和大家分享，共同享受这份难得的回忆。

　　当年我们评选的班级十件大事中，除了运动会、春游、公开课这些大事以外，有一条高居第四位，还是很意外。我们班英语老师远赴英国游学时，带着班级吉祥物拍了几百张照片，回来后利用这些给孩子们上的一节特殊的英语课。这一条能入选，可见孩子们对细节的关注，对班级的认同，对老师的感恩。正是因为我们经常回忆、时常感恩，才能带出一个更有"温度"的班级。

2019届1班初一年级上期十件大事数字故事（视频二维码）

2016届11班初二年级上期十件大事PPT

环节二：本学期学生个人大事记

　　这次的活动，除了同学票选班级的十件大事以外，我还让孩子们写本学期最让自己感动的三件大事。说实话看到学生写的三件大事，我看得热泪盈眶。

　　或许在孩子心目中最重要的不是什么轰轰烈烈的活动，恰似一句问候、一次挑战、一片欢乐、一丝遗憾……反倒成了他们深刻的记忆。

　　比如：我入选国旗班升旗手、叶老在百忙之中抽空来看腿部受伤的我、换了新小组焕然一新、收集的叶老语录居然写上了新年台历……

我曾经在初三和孩子们一起整理过"班级第一次"（部分）

我曾经在初三和孩子们一起整理过"班级第一次"。

我相信那不经意的细节见证了我们彼此的成长，那独一无二的幸福，是不能替代的。

现在，我时常回过头想想自己为什么出发，我发现停下来谢谢身边的人，你会走得更好，走得更远。

下面是初2019届1班孩子们初一上期期末写的自己的大事节选（部分）：

1. 地理公开课主动回答问题。虽然答错了！哈哈！

2. 运动会我做的PPT在学校大屏幕播放，很开心。

3. 我很喜欢和叶老聊天。

4. 感恩节收到那么多感恩卡，原来那么多人在关心我。我回去把感恩卡和育才通知书一起压在了玻板下。

5. 我在学校的大型讲座中敢于起来向嘉宾提问，积极互动。

6. 我在学术厅表演傣族舞，同学们夸我好美。

7. 公开课我敢主动举手发言了，战胜了自己，不怕困难。

8. 性格上变化很大，从内向到开朗活泼。数学老师对我很好，让我没有了畏难情绪。

9. 知道了努力的意义，敢于向老师提问，小学绝对不敢。

10. 我画的画居然被叶老发布到了博客。

11. 运动会我和叶老一起去拔河，大家都来帮忙，温暖入心。

12. 我居然可以跑完运动会800米，太了不起。

13. 第一次被拒绝，虽没有成功竞选，我会继续努力。

14. 叶老请我吃饭。我还到叶老家里做过作业哟！羡慕吧！

15. 有一周因为我上课讲话小组被扣分，得了当周的倒数第二，一直很内疚。

16. 运动会开幕式我穿"鸡"的衣服，好帅。小学六年运动会都没有我的身影，这次我是主角，好感动。

17. 我被请了家长，但是不是指责我，反而让我更有自信。

18. 当选预备团员，没有想到那么多同学投票给我，我觉得窍门就是真诚待人。

19. 感恩节的感恩卡我写给了电教委员，感谢我们身边最容易被忽视的人。

不知道为什么，看这样的"大事"更让我感动，甚至会落泪。初一年级的活动会，我们扮演生肖吉祥物"鸡"，一直担心孩子们会不喜欢这身行头，其实刚开始他们看到的时候内心也是拒绝的，但是没有想到一个孩子在本学期大事记中会写"运动会开幕式我穿'鸡'的衣服，好帅。小学六年运动会都没有我的身影，这次我是主角，好感动"！真的看哭了，是哪只"帅鸡"写的呢？

运动会开幕式,我穿玩偶服扮演一只"鸡"

环节三:本学期家长最感动的瞬间

或许我不要求,家长也不会去思考。爱班级不仅是我的事、孩子的事,其实家长如果也能成为班级文化、班级生态的组成部分,那么这个班集体会更加的"幸福"。

在第一学期即将结束之际,来看看爸爸妈妈们他们这学期觉得最感动的瞬间:

家长1:总复习悄然而至,孩子做作业的时间也延长,心痛她睡眠不足,反复叮嘱她要把控好时间,但一进卫生间就20分钟甚至半小时,真让人受不了。昨天搞突袭发现她手上捏着手机,我很无奈地拿过来说抓紧时间不要看手机,顺便看了看,原来她在写东西,再仔细看是日记。赶快向上翻,一屏一屏的翻,如此之多,一直翻到从11月16日开始,题目是我和李老。我惊讶了,问她你每天都在写啊。她说嗯,自从蔡老走了,邓老也走了,我就想做点啥子留下来,就开始写我和李老,我喜欢她。我的心瞬间被柔软了,是什么让不善表

达又粗线条的孩子细腻了，让从小不喜欢写作、有写作困难综合症的孩子坚持记录在学校的每一天，我被深深地感动了。让我觉得这就是叶老说的教育是人影响人的过程，感恩叶老！要说难忘，感动在成为一班的一员就与我随时相伴叶老的大爱，叶老以超强行动力引领着每个孩子前行；感动家长无私地为班集体服务，奉献他们的热情；感动孩子每天在被影响，变得越来越美好。

家长2：叶老，自从孩子上了初中以来，让我最感动的一件事情就是孩子为了班级的荣誉，要求孩子们吹竖笛比赛，看着她每天回来尽快做完作业就抓紧时间练习竖笛，非常认真。从来没学过这个乐器，对于孩子这种认真对待学习的态度，家长是非常高兴的，有时候一件小小的事情能影响到孩子的方方面面。

家长3：叶老每个月给家长和孩子们写一封信，每封信都充满了真情实感，字里行间都能深切体会到一个班主任对孩子们无私的关爱和责任。孩子的外婆，一个七十多岁的老人，都看得热泪盈眶。遇上这样的班主任，真是莫大的缘分。孩子太有福气了！

家长4：孩子第一学期就被选入啦啦操队。孩子从小学熟悉的环境，一下子到了陌生的育才，开始还很担心他要适应一段过程，会感觉孤独一段时间，但进校一个多月，就在操场的"茫茫人海"中盲选进了啦啦操队（直到现在儿子都还觉得太意想不到了）。被认可和肯定的感觉他非常享受，音乐和舞蹈也是他很喜欢的。所以，他就更快地爱上了这个学校。他说感觉这里的老师和同学像认识了很多年。儿子喜欢上学，因为那里有他最喜欢的老师，还有最可爱的同学，真好！

特色活动九、年代秀

每段经历都值得铭记

活|动|背|景

年代秀，我的秀

　　《年代秀》是一档由深圳卫视制作的全明星代际互动综艺秀，由10位明星嘉宾领衔五个年代小组通过年代答题、游戏竞技等环节进行同场比赛，并且结合影像、实物、音乐表演、寻找浓浓的当年情，以此向时代致敬。

节目中，观众看到由60、70、80、90、00不同时代的五代人组成年代小组，每个小组组长均由特邀而来的各界明星大腕领衔担纲。这些节目嘉宾有运动员、政治家、艺术家、歌手和演员等，鲜活的时代印记与人物故事本身让观众更能记住时代风貌。

活 | 动 | 创 | 意

可能因为我是历史老师的原因，第一次看《年代秀》就被这个节目深深吸引，不仅是因为里面的题目可以让我学到不少知识，更重要的是他能带我回到那熟悉的年代，那里有一个个故事、一件件老物件，以及一桩桩我自己也亲身经历的故事，每期都让我感同身受，甚至感动得泪流满面。

现在孩子老是喜欢说"黑历史"，不愿意拍照，不愿意记录。其实等他们到了我这个年纪就会明白"每一段经历都值得铭记"。

而在我们的班级生活中，有太多的人、太多的事是注定了我们要用一生去铭记的。孩子们小，不懂怎么去感恩，怎么去思念，我便借用了《年代秀》这个形式，通过每年元旦的班级活动时间，在这个辞旧迎新的时刻，回顾我们走过的一年，迎接崭新的生活。

在题目的设计上，每一道题目都是与孩子们有关的，或是我们班自己发生的事情，或许是我们班真实的人，这里有孩子、有老师、有家长，甚至有很多已经被我们遗忘的瞬间。通过这样的活动，唤起孩子们共同的记忆，学会感谢生活，感谢发生的一切，同时这个活动对于增进师生、生生关系、凝聚班级有着意想不到的作用。

活 | 动 | 设 | 计

环节一：活动形式

2013年元旦节，我第一次搞"年代秀"。

当时学校要求各班开展迎新年活动，很多班是学生自己的才艺展示，我

11班"年代秀"邀请卡

想刚刚举行了艺术节，其实活动形式雷同，也有点为了活动而活动的意味，我想起了《年代秀》这个我最喜欢的节目。

在今天，2012年最后一天，这个特殊的日子里，我们18班一起在欢声笑语中迎接新年，在怀念感动中迎接新年，在奋进拼搏中迎接新年！

提前准备：

1. 题目全部由班主任命制，让每一个同学都投入地参与到活动中；

2. 班级分组，具体组数不限；

3. 制作A、B、C、D四种选项牌；

4. 准备书写的白纸、记号笔、记分牌；

5. 提前准备奖品，因为这个活动不是真正的竞技，最好人人有奖；

6. 可以提前制作邀请卡，邀请老师、家长们参加。

题目形式1：选择题

这类题目全部出自班级一年发生的大事。在设计题目的过程中，需要注意：

1. 平时需要多留意观察，及时记录，有照片、有视频、有过程的记录。

2. 题目可以分为荣誉类、人物类、感恩类、家长类、教师类等多种形式，意想不到但是又能体现班级特色。

3. 在题目的设置上也应该有一定的教育意义，可以把对班级的感情、同学老师的感恩、融入题目中，让学生在情感上产生共鸣。

题目举例：

（一）班级事例回忆类

很多事例看似很小，但是对于当事人都是最美好的回忆。让每一个孩子明白，我们都是班级的一分子，并不是微不足道，班级的发展离不开我们每一个人！

1. 2011年11月7日，男子国旗班第一次在升旗仪式上亮相，你还记得我们班傅振林同学站的位置是下面哪一个吗？

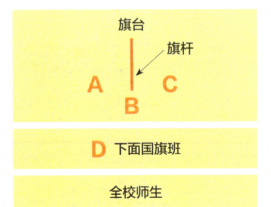

2. 2012年新年，五位班长给大家大拜年的时候，哪一位手上拿的龙的吉祥物和另外四个颜色不一样？

A. 左登浩

B. 简婕

C. 孔康懿

D. 姜泓坤

（二）感恩瞬间回忆类

班级发展过程中，需要感谢的人、感谢的事情很多，就

看我们是否用心。特别是对于班级默默奉献的同学、家长、老师，要让他们感觉到班级的温暖，明白我们从来没有忘记过他们的付出，而且铭刻于心。

1. 第一次班级中秋亲子活动中，黄馨怡和蒋沛江表演才艺时出现的共同情况是？

A. 都表演了乐器　　　　　　　B. 都忘了戴红领巾

C. 妈妈在旁边帮忙　　　　　　D. 都是自己拿话筒

2. 还记得我们曾经搞过"班级魅力女老师"评比吗？你还记得冯老被评为什么吗？

A. 最美丽女老师　　　　　　　B. 最具奉献精神女老师

C. 最具风采女老师　　　　　　D. 最可爱女老师

3. 本学期我们有专门的同学为大家打饭，第一天为我们打"饭"的是谁呢？

A. 夏启元　　　B. 姜泓坤　　　C. 左登浩　　　D. 官金科

（三）班级活动回忆类

班级的建设离不开一个个活动，重温这些经典瞬间，就是对班级的再认识，在回忆中我们会更加认同我们的班级文化，让班级变得"坚不可摧"而又"充满温情"。

1. 初一"艺术节"表演唱"弟子规"后面举牌的三个人中没有哪个呢？

A. 张锐琦　　　B. 傅振林　　　C. 刘示霖　　　D. 左登浩

2. 诗歌朗诵《生命的呼唤》确实给了所有人不少的惊喜，在决赛中我们获得了银奖。同时我们还获得了一个特殊的奖项，你记得是什么吗？

A. 最佳创意奖最佳　　　　　　B. 最佳舞台创意奖

C. 艺术创意奖　　　　　　　　D. 最具创意奖

（四）反思教育类

辞旧迎新之时，回顾走过的路，不能只有好的，也包括自己的缺点，对个人如此，对班级发展也是如此，如果我们可以正视自己的问题，来年我们会走得更好！

在初二同学军训的时候，11班临危受命，我们在第一次值周中得到了9.91的高分，请问在学校反馈给我们的检查单里，没有罗列的扣分原因是？

A. 有人戴红领巾没有提醒　　　　B. 被别人投诉

C. 晨检情况未及时汇报　　　　　D. 工具房整理不整齐

题目形式2：幸福六连拍

这个活动是《年代秀》中很受欢迎的比赛形式，给出一个物件、一幅漫画、一段文字等，进行合理的想象，联系对应年代的事件或者人物。

我在题目设计过程中沿用了这一形式，不过题目答案限制在与班级有关的人物上。令人意外的是，几期活动下来，每一张图片都有小组猜对，有的虽然很刁钻，连当事人可能都不知道答案是自己，可见孩子们对同学、老师、班级的观察相当仔细，是真的在融入班级、投入学习生活中的。

题目形式3：谁在我身边

"谁在我身边"这个活动也是《年代秀》中很受欢迎的比赛形式。嘉宾蒙上眼睛，在他身边出现一位与之年代对应的特邀嘉宾。通过互相提问猜出嘉宾名字。

我也借用了这一形式。比赛时一个小组推荐两名同学配合参赛。一位同学蒙上眼睛，向另一位同学提问，这位同学只能回答"是"或者"不是"，在一分钟以内，通过缩小范围，猜出身边嘉宾的名字。因为是班级活动，嘉宾仅限在与班级有关的人物。可以请这位嘉宾神秘出场，也可以用"图片"的方式替代。通过"描述"可以发现孩子们很善于抓住人物特点以及对班级的贡献，这也是班级文化的一部分。

看看孩子们专注的神情，一个个笑容满面，我感到无比幸福！回答和中考无关的题目，回答着我们自己的题目，体会的是我们自己才能明白的幸福，因为经历过，所以我们感动！哪里有孩子，哪里就肯定有这些可爱的家长们，感谢你们的陪伴，我的班级永远不缺快乐，让我们把这份幸福继续下去。

▶ **2017年元旦年代秀题目汇总（视频二维码）**

每个孩子和到场的家长、老师都收到了我特别的礼物

 环节二："年代秀"开启的新纪元

2014年的元旦，是2016届11班第一期年代秀，我在博客上写到：

这个活动旨在和孩子们一起回顾我们走过的点点滴滴，在活动中去发现我们班级的动情点，去感谢那些为我们付出的同学和老师，体会班级的温暖！

一张张熟悉的照片、一个个感人的瞬间，一幕幕热血澎湃的场景，让我们激动不已！不管是我们一起再次朗诵《生命的呼唤》，还是在熟悉的旋律中再跳一次毛毛虫的舞蹈，不管是我们怀着感恩的心写下一个个为11班付出的同学的名字，我们能看到11班每一次的进步！一切只因为我们经历了，所以我们如此的难忘，如此的不舍！

2016年元旦，哪怕是初三最紧张的时期，我们的"年代秀"也没有停，反而更加热闹！因为我们经历得越多，我们的幸福也就越多！

当时张洁老师是我们初二的英语代课老师，在回答完一道有关张洁老师的题目后，我播放了一段视频《生命列车》。在我们生命的这列车上，下一个下站的会是谁呢？或许就是我，或许是你们的父母。珍惜正在身边的每一个人，不要等他下车了你才后悔！孩子们看得热泪盈眶，希望叶老精心准备的每一个题你们都能读懂背后的故事。

每年"年代秀"的最后一个环节都是固定的，我要给全班孩子们送新春台历：

1. 初一年级我按照孩子们生日月份拍摄的台历；

2. 初二年级按照孩子们的学习小组拍摄的台历；

3. 初三则是我们三年来的十三张合影（加封面）。

尤其是初三这本，从大家第一天进学校，到我们走过的每一步，当你翻看这本台历的时候，你会想起我们在一起的太多太多美好的回忆。不过，当这本台历用到一半的时候，我们也就毕业了！正如我在第一页说的，太不舍，太不舍了！

当天晚上拿到新台历的爸爸妈妈们就迫不及待在群里晒幸福了，看着三本我亲手拍摄，一张张选择的照片，真的好不舍，孩子们，或许我们到了要说再见的时候了，但是我们的幸福一定会永远定格！永远，永远！

2015年12月31日早9点35分，也是2016年元旦"年代秀"结束，我在博客上写给11班的孩子们的话：

走过2015，心里总有一丝淡淡的不舍！

这一年，我追求两个字——幸福！

我希望创建一间幸福的教室！

我渴望营建一个幸福的家庭！

我努力追求一种幸福的人生！

因为不改初心，让我一直不敢懈怠。

这一年，我很累，但是真的好快乐！幸福的背后是满满的痛苦，所以，这个2015，注定是难忘的。

一个普通的老师，被大家爱着，我很幸福，这是2015给我最好的回报。

感谢一路的陪伴，我的学校，我的同事，我的学生家长，我的家人，我的所有朋友。

从站在《我是先生》的舞台对话马未都、李咏等大腕，到在中央电视台一号演播大厅捧回"最美教师"的小金人。

从获得成都市十佳班主任，到在顾明远老先生手上接过"党和人民满意教师"的奖状。

从天安门阅兵式的大看台，回归到只有几十平米的小教室。

当一切归于平淡。

我反而觉得那五十几张课桌椅和那张三寸讲台才是我最应该坚守的阵地。

那五十几条"毛毛虫"才是我最大的幸福源泉和价值所在。

2016年我的"毛毛虫"们将走入中考的考场，也算是我们的"本命年"，这是我和孩子们奋斗了三年的心愿，我对他们是有期待的，我相信，毛毛虫们一定能在这一年破茧成蝶，展翅高飞。

当我越发清晰地明白我的追求，我就越是期待崭新的2016！

祝所有我爱着的人，新年快乐！

2016年，我新的班级初2019届1班的孩子们来了，我们的班级活动有了更多的创新，但是，"年代秀"我们一直保留着！

六年，或许他们和18班、11班都不是一个年代的人了，但是这份幸福不变，这份对生活的热爱不变。

"年代秀"，因为它的形式活泼，内容贴近学生，对学生、班级发展都有非常积极的影响，在2016年我们班评选班级十件大事的时候，"年代秀"以得票第一高票当选，可见这个活动在孩子们心中的分量。

2016年当我们的活动预告刚刚在博客上发布的时候，就引起了家长们的激烈反响，都表示希望能到现场观看，但是因为时间和场地的限制，我做了决定——本季"年代秀"，我在网上全程现场直播！

台历
家庭合影

2016届11班第三届"年代秀"
现场版视频（视频二维码）

2016年11班第二届"年代秀"
现场版视频（视频二维码）

二月
February

　　二月闹新春，在阖家欢乐的时刻，怎么会少了18班这个大家庭的温暖？我们录制祝福视频，展示家里的年夜饭，送上满满的新春祝福。因此，记忆中那些分离的日子，都有浓浓的温暖的陪伴；也因此，那些温暖的陪伴，都成为我们对下一次相聚的期盼。

2013届18班学生：姜泓坤

东西南北闹新春 欢乐祥和中国年

活 | 动 | 背 | 景

春节是中国人一年中最盛大的节日，不过随着时代的发展，春节的"年味"也是越来越淡。其实我们在感叹现在的孩子更喜欢过外国节日的同时，我们也应该思考为什么他们不喜欢中国节。

过万圣节大家可以化妆，可以去要糖果。过圣诞节大家可以期待圣诞礼物，打扮圣诞树。过愚人节大家可以互相整蛊……而我们的节日呢？变成了春节大家一起吃饭、清明扫墓一起吃饭、重阳节陪老人吃饭……

内容一定是要以形式为载体的，让学生过一个欢欢乐乐、热热闹闹的新年，找回"童趣"，更重要的是多点时间陪伴父母、家人，这才是"年"真正的含义。

活 | 动 | 创 | 意

虽然春节孩子们已经放假，不能在教室开展活动，但是班主任也可以提前思考，通过开展各种与"年"有关的活动，比如：创作春节拜年短信、写春联、猜灯谜……营造过年的氛围，更重要的是渗透中国传统文化，让学生远离电脑，体会到与家长团聚的快乐、亲情的温暖。

活|动|设|计

环节一："年的味道"

我以2015年春节在初2016届11班开展的春节系列活动为例，穿插其他年份的特色活动，全景展示在春节我们可以开展的特色活动，体现这一重大节日的独特教育内涵，营造节日氛围，欢欢喜喜过新年。

2015年春节，我们11班的口号是过"温馨的年、家庭的年、中国的年"！为此我设计了一系列的活动，也希望孩子们积极参与，从中学到知识、体会到快乐、走进长辈、融入家庭！我始终相信，最好的过年是回家，最好的孝顺是陪伴。那我们的活动就从这样的一个公益广告《筷子》开始！

每年除夕和春节相连，统称为"过年"，是一年中最为重大的节日，全国百姓都十分重视，一般百姓平时家里再穷，也要把年过好，所以过年之前要有一系列的准备。很多人家从腊月初一就开始忙碌了，但最主要的还是从腊月二十三的祭灶开始。

到了正月还有讲究，初一、初二拜大年，初三小年朝，初四迎神日，初五迎财神，初六送穷日，初七人胜节，初八谷生日、祭星日，初九玉皇诞，初十石头生日、老鼠嫁女，十一接女婿，十二搭彩棚，十三上灯，十四试灯，十五元宵闹灯，其实很多传统的习俗我们今天都淡忘了，比如去年（2014年）很火的电视剧《古剑奇谭》中有个百里屠苏，但是你知道还有一种"屠苏酒"吗？可惜现在已经消失了。你知道为什么除夕晚上要吃饺子吗？你知道为什么传统的年夜饭里不能少了"豆腐白菜"吗？

公益广告《筷子》视频（视频二维码）

环节二：叶老教你过"中国年"

我制作了一个三集微课纪录片《欢欢喜喜中国年》，教孩子们怎么过年才有"味"，并且上传到网上。因为有了引导，孩子们真的过了一个特有"年味"的农历新年。

而在此之前，大约在放寒假的前两个月我就开始思考和策划这个活动，目的是希望给孩子们一个传统的、正宗的中国年。因为我们都在抱怨现在过年越来越没有年味了，原因是我们都忘了传统的年怎么过。所以我带头，加强学习，这期间查找了很多资料，也向我的父辈打听了很多过年的老习俗，一共在网上搜集了两千多张照片，几十段视频，终于在这个寒假前，我制作了三集（《腊月》《除夕》《正月》）长达115多分钟的微型视频！

视频《腊月》精彩看点：

1. 到底从哪天开始算过年呢？

2. 腊月二十三为什么要祭灶呀，这灶王爷到底是谁呢？

3. 为什么旧社会一到了腊月二十三，穷人就要出去躲"年关"呢？

4. 为什么腊月二十四要做大扫除呢？

5. 这扫尘的时候有些什么忌讳呢？

视频《除夕》精彩看点：

1. 过除夕要置办哪些年货呢？

2. 你会在家里自己动手灌香肠吗？

3. 贴门神有什么讲究吗？千万不要贴错了哟！

4. 年夜饭上必上的几道菜你知道是什么吗？

5. 喝屠苏酒、接灶、守岁这些习俗今天还有吗？

6. 今年的除夕羊年春晚都会有哪些大明星呢？想听听11班同学的大猜想吗？

视频《正月》精彩看点：

1. 初一到初六是六畜日，人类的生日都排在了初七，你知道为什么呢？

2. 古人没有电话、QQ、微信，那正月怎么拜年呢？

3. 初一是新年的第一天，也是忌讳最多的，你知道有哪些吗？

4. 我们都知道要"迎财神"，那你听说过还要"送穷神"吗？

5. 初十老鼠要嫁女，我们都要早点睡觉，不要打扰了好事，为什么我们这么怕耗子呢？

6. 元宵节我们要舞龙舞狮，你知道这是为什么吗？

部分学生和家长的反馈：

王沐可妈妈：看完视频后，我们全家到厨房像模像样地按照视频教授的那样，摆好供品（一碗清水、一盘鸡蛋和一盘糖瓜粘），恭恭敬敬拜灶神："上天言好事，下界保平安。"如此这般，腊月二十三礼成！感觉很新奇又很期待，跟着叶老的视频启示做，我们今天，腊月二十四，扫尘，大人娃儿一起，认认真真做大扫除。

蔡梓涵家长：辛苦叶老了！今晚跟孩子一起看了第一集，学到不少东东，想起儿时春节，敬过灶神之后还要点锅灯，于是就点了一盏，用棉线代替了灯草做灯芯。这个视频让我们感受到了久违的、浓郁的、温暖的年味，谢谢叶老！您的辛勤付出让11班的孩子、父母、爷爷奶奶们都过上一个欢乐的有期盼的新年，重温久违了的年味！

唐馨竹家长：和孩子连看了三遍，有一种恍然大悟的感觉：总算能把以前从老一辈人那里听来关于祭灶神的一些断断续续的说法串在了一起，总算找到了这些古老习俗的来源和依据。

自制过年视频上集《腊月》 地址（视频二维码）　　　　自制过年视频中集《除夕》 地址（视频二维码）

自制过年视频下集《正月》地址（视频二维码）

放孔明灯

贴春联

发红包

祭灶

环节三：原创春联（拜年短信）大赛

2014年春晚郝云一首《群发的我不回》，引出了下面的活动，在歌曲演唱完5分钟，我给全班家长发了一条短信："喜欢刚才春晚的那首《群发的我不回》吗？请你把编辑的原创拜年短信发到叶老的手机上，当2014年新年钟声敲响的第一刻，你将在博客'叶老的窝'里看到孩子们送来原创新年祝福。"

2017年新年，我在初2019届1班开展这个活动的时候，更加细化了活动要求：

1. 一定是原创，拒绝抄袭；

2. 要求把"1班"的元素包含在内，比如我们的"1""龙猫""萤火虫""叶老的窝"，等等；

3. 形式还可以多样，文字、视频、画画都可以，一定要体现中国的年味；

4. 叶老会在大家的作业中选出优秀的作品，并送上叶老准备的神秘特殊礼物；

5. 不要忘了在大年三十或初一给1班的老师、爸爸妈妈、爷爷奶奶、亲戚朋友发个短信拜年。

下面是部分同学的作品：

> 红色的福、红色的灯笼、红色的辣子、红色的腊肠，拉开了鸡年的红红火火，祝大家鸡年大吉。希望新的一年，每一个同学都可以用自己的莹莹之光照亮叶老的窝；秉承闻鸡起舞的精神自我激励，勇争第一；坐在龙猫的肩膀，和萤火虫学习收获的快乐。愿汇聚我们大家的快乐和健康，长成一棵金色璀璨的大树。
>
> ——付宇航

　　一年又过去了，在新的一年里衷心祝贺大家在叶老的窝里茁壮成长，生根发芽，在龙猫的陪伴下也要成为最亮的萤火虫——在黑夜里散发出自己最美丽的光芒！

——李萌佳

　　龙猫叫，萤火虫跳，叶老的窝里真热闹！鸡年晓，新年又到，恭祝大家福星高照！

——辛思颖

　　新年到了，感谢像龙猫一样的叶老，对我们润物细无声的关心和帮助，让我们觉得温暖感动，感谢53只可爱的萤火虫，每个人都在努力发光，一起营造着1班温馨的"鸡窝"，在这个窝里我感到很舒服惬意。新的一年里，祝我们1班这个大家庭永远团团圆圆，和和美美，祝1班的所有小伙伴们闻鸡起舞，取得一鸣惊人的成绩。

——贺巧

　　2015年我们举办原创春联大赛作品要求：

　　1. 提前了解对联的基本格式和写作技巧；

　　2. 作品应该上下联横批都完整，上下联字数不设限制；

　　3. 要求把"11"的元素融进对联，比如我们的"11""毛毛虫""创新""叶老的窝"，等等；

　　4. 如果你可以亲手用毛笔写成春联那就更好了。

　　下面是部分同学的作品：

姓名	上联	下联	横批
徐子寒	毛毛虫破茧，茧破成蝶	创新班思过，过思重生	迎难而上
黄靖婷	逐梦育才再启征程	化茧成蝶冲上云霄	追梦十一班
李一可	洋洋过年毛虫意气风发	年年进步十一勇闯天涯	好运每一天
朱思怡	马去羊来新春勤耕耘	虫变蝶飞仲夏喜收获	十一逐梦
蔡梓涵	三年苦功，毛毛虫终将破茧成蝶翩跹大地	几番拼搏，幺幺们必定化身飞龙翱翔九天	大器天下

看到孩子们的作品，我的内心相当佩服这些后生，说实话，原创春联这个题目比较难，再加上还需有班级特色则更难，更有挑战性，如果真的要我来写，我可能都不一定能写出来。但是我相信，生活处处有语文，生活处处有学习！春联不仅是一种习俗，还是一种文化血脉的传承。

对联分享

吟诗作对，是古代中国人文化的一个象征。不会，我们就慢慢学习，总之不能遗忘。从孩子们创作的作品来看，真心感动，也很佩服孩子们的想象力！总体来说，绝大多数孩子都是认真去研究了"什么是春联""怎么创作春联""怎么创作出好的春联"，而且也有很多同学都认真看了我们的比赛规则，所以让人感觉亲切实在！还有很多同学不止上交了一个作品，看来是在创作的过程中很多佳词美句舍不得放弃，真的不错，在学习中不断精益求精！

开学后，全班投票评比，选出了此次活动的优胜者和特等奖作品，获奖同学分享了自己的创作经历。我还特别邀请了校长来为孩子们颁奖，正如校长所说："这个奖不像体育竞赛、数学竞赛，这是充满着浓浓春意、最幸福的奖。"

校长为获奖选手送上浓浓春意的"年画"作为奖品

环节四：走进长辈，了解家史

2015年春节，我布置了一项特色的作业，"走进长辈，了解家史"的活动。学生们要对自己家族的历史、姓氏、籍贯、称谓等进行调查，还要走进三对不同时代的夫妻，感受几十年来中国"家庭"的变迁，从物质到精神进行全面深入的了解，完成调查表。我相信这个走进长辈的活动，一定会增进同学们与长辈之间的情谊。

大年三十下午，一位家长是这样给我留言的：吃中午饭时，爷爷讲到他父亲出去参加革命，家中房子被国民党烧了，他们几兄弟跟着母亲沿街讨饭那段艰辛日子都落泪了。这些事我们这一辈都从来没听到过，孩子听了沉默了好久，吃完饭就央求爷爷把家谱找出来，他说："我们的家谱一定要继续写下去，把知道的都写出来，这是我们家的历史啊！"这个作业太有意义了。

开学后，我从孩子们那里陆陆续续听到很多感人的故事，关于一个姓氏、一个家庭、一群人创业自力更生的故事，中途有曲折、有痛苦，但是更有希望与力量。这就是历史，我们自己家族的历史！

成都七中育才学校初2016届11班羊年（2015年）

"走进长辈，感受幸福"我家的"幸福史"调查表

姓	名	班辈	学号

1. 姓氏调查：

（1）你知道你"姓氏"的由来吗？

（2）和你"同姓"的历史名人你可以举几个吗？

（3）问问父母，为什么给你起这个名字呢？有什么特殊的含义吗？

2. 班辈调查：你的姓名现在还是按"班辈"来起的吗？你能根据调查写出你们家的"班辈"排序吗？

3. 祖籍调查：经过考证，叶老终于知道了我的祖籍在湖南。四川历史上"湖广填四川"影响深远，你知道你的祖籍是哪里吗？你的家族也是"湖广填四川"来的吗？又是从哪里来的呢？

4. 称呼调查：（写你们家庭里的称呼，如果不能用文字表达的可以写拼音，如果没有就写"无"）

你喊爸爸：　　　　　　　　　　你喊妈妈：

你喊爸爸的爸爸：　　　　　　　你喊爸爸的妈妈：

你喊妈妈的爸爸：　　　　　　　你喊妈妈的妈妈：

你喊爸爸的爸爸的兄弟：　　　　你喊爸爸的爸爸的姐妹：

你喊妈妈的爸爸的兄弟：　　　　你喊妈妈的爸爸的姐妹：

你喊爸爸的兄弟：　　　　　　　你喊爸爸的姐妹：

你喊妈妈的兄弟：　　　　　　　你喊妈妈的姐妹：

你喊爸爸的兄弟的孩子：　　　　你喊爸爸的姐妹的孩子：

你喊妈妈的兄弟的孩子：　　　　你喊妈妈的姐妹的孩子：

5. 生活调查：从爷爷奶奶那一辈再到我们，中间跨度半个多世纪，这也是中国历史上我们的生活水平、思想观念变化最快的一个时期，今天我们从"婚姻"这一个点来展开调查，走进长辈，感受幸福。

（1）调查爷爷奶奶（或者外公外婆，或者同时代的人）

他们结婚的时间：

那个年代选择伴侣的条件：（最看重哪些？）

在当时结婚的嫁妆或者生活必需品有：

贴照片处

一路走来，他们认为"家庭"是什么？

（2）调查爸爸妈妈（或者同时代的人，最好是亲戚）

他们结婚的时间：

当时选择伴侣的条件：（最看重哪些？）

在当时结婚的嫁妆或者生活必需品有：

贴照片处

一路走来，他们认为"家庭"是什么？

（3）调查身边一对2014年或者2015年结婚的夫妻（最好是你的亲戚）

他们和你的关系是：

现在选择伴侣的条件：（最看重哪些？）

在当时结婚的嫁妆或者生活必需品有：

贴照片处

这一刻，他们认为"家庭"是什么？

请在三个相框中张贴三组被采访夫妻的合影，最好是温馨的合影哟。

这次调查活动中我的收获：

父母的点评：

孩子及家长参与活动后的感想（部分）：

陈泽邦：在这个调查活动中，首先，我走进了长辈的圈子中，当我假装成记者采访爷爷和奶奶的时候，他们很高兴；其次，通过这种方式，我看到了几代人对于选择伴侣方面的不同，反映出不同的时代思想。从中还了解到他们对家庭的不同理解，三代人结识在不同年代，生活差距却如此之大，因此也看到了整个世界在变化，时代在变化。

家长点评：孩子在此项活动中，走进长辈，走进生活，收获真实感情；通过此项活动增加了对"家""家庭""家族"文化的理解，感受了家风、家教等传统文化内涵；通过此项活动体会了悠久的家族历史长河中感人的亲情故事。对孩子既是一种感动、一份震撼，我们想这对于他们更是一种责任。

郝浩然：在这次活动中，我发现历史无处不在，我们的姓氏也是历史，找姓氏的源头，不仅是键盘一敲，更要认真聆听长辈，在生活调查中发现人们对家的看法一直没有变，港湾、责任、归宿都是中国人对团圆幸福的向往！

家长点评：通过参加叶老组织的这次活动，再次让孩子知道了学习无处不在，在调查过程中学会了沟通、聆听、判断、思考，并对家的概念有了自己的诠释。

王云灏：我对我的姓氏来历、辈分称呼，以前的人结婚的风俗都有了一些了解，但是，我印象最深刻的是：我们的姓氏文化正在消失，我们已经忘记了太多传统文化知识，如班辈顺序，姓氏来历。如果我们再不记录下这样的文化，中国的一份文化辉煌就又将熄灭。

家长点评：谢谢叶老给孩子们及我们提供了一个走进传统文化、走进家庭的机会。通过全家参加这个活动，我们理解到传统文化中班辈的排行其实是家庭凝聚与和睦的媒介，家族血脉传承的纽带，先祖定的"班辈"文字都很考究，蕴含对儿孙的教导与希望，但女子不排班辈，也体现重男轻女、不尊重女性的封建礼教糟粕。通过这个活动也使我们全家老少在共叙家史、讨论婚姻家庭中，意识到家庭的重要，领悟到相处之道。

环节五：打灯谜，闹元宵

期末放假的时候，每个孩子收到了我一个红包。当然红包里包的不是钱了，而是一道灯谜，只要认真看了我做的三集纪录片就一定能回答正确！答对了纸条上的问题，就可以获得一份元宵节的礼物哟！

孩子和部分家长的反馈：

徐子寒家长：自制灯谜，既动脑筋，又是一种娱乐，孩子收获不少。

郝浩然家长：今夜在郝浩然亲自下厨用爱心奉上的元宵中，全家老小度过了一个充满甜蜜而且温馨祥和的元宵佳节。

王云灏家长：陪伴孩子包元宵、煮元宵，仿佛回到了童年时代，父母为我们张罗的时代，在重拾童年乐趣时也顿时感恩父母，保护孩子的责任心与使命感。增加知识，也增进了亲子关系，查阅了习俗，对传统文化多了一份了解。感谢学校的大教育观，引领我们家长与孩子学会从生活中学习，树立生活即教育的理念。

班级合影

开学以后，还可以把所有活动进行汇总，比较简单的方式就是制作小报，并且精心布置出来，对学生的付出也是一种肯定。

 环节六：其他特色活动

2017年是鸡年，我在班级开展了"鸡年画鸡"的活动，让学生在动手动脑中体会到我们传统的民俗文化。

"我给大家拜年了"——每年寒假放假前，我都会让孩子们面对镜头录一段视频给父母、长辈、老师、同学拜年。一方面可以锻炼学生的表达能力，体现我"爱要大声说出来"的带班理念；另一方面，每段视频也见证了孩子的成长，在合家欢乐的新春佳节给每个家庭带去最真挚的问候。

　　视频可以选择在除夕夜或者大年初一发布给家长，也可以在期末家长会上播放，既可以增加新春的欢乐气氛，又可以在家长会上带给家长别样的幸福。

部分学生作品

2016届11班2015年新春大拜年视频（视频二维码）

2019届1班2017年新春大拜年（视频二维码）

三 月
March

晓春三月，焕然一新的不只
是嫩绿的校园，还有我们青春的
面庞。那一簇簇桐紫，在歌声中
颤扬；那一支支垂柳，在舞姿中
招摇。我们笑着、跳跃着、群魔
乱舞着。现在想来，那些乐声中
排练的午后，那些芬芳三月中晶
莹的阳光，正是享受，正是愉
悦，正是青春艺术的生动画面。

2013届18班学生：姜泓坤

特色活动十一、艺术节

只要每个人上去就是一等奖

活 | 动 | 背 | 景

校园艺术节旨在培养学校的艺术氛围，展示学校素质教育成果，发挥校园文化的育人功能，引导学生积极参与和谐文化建设，促进学生全面发展。

丰富多彩的活动可以充实学生们的课余生活，既能让同学们找到乐趣，又能让同学们学到很多课本上学不到的知识。让学生在浓厚的艺术氛围里开启多种感知通道，打开情感的闸门，激发学生对艺术的兴趣与爱好，培养学生健康的审美情趣和良好的艺术修养，促进综合技能的发展。

活 | 动 | 创 | 意

有一天看朋友圈，我一同学去参加孩子幼儿园的艺术节活动，她写道：我的孩子在今年学校艺术节中又当了一回路人甲。旁边配上了孩子委屈的表情。

看到这里心里酸酸的，我们的学校活动到底是给谁举办的？又是举办给谁看的？仔细想来，除了在舞台上表演的孩子，更多的孩子其实在这次的艺术节中充当了什么角色？是观众。

或许我们开展活动的时候需要更多地想一想，那些没有艺术特长的孩子

2010年12月16日，我在七中育才的第一届"全员"艺术节

在艺术节上他要干什么？不喜欢运动的孩子在运动会上他要干什么？不喜欢科创的孩子在科技活动月他要干什么？最终我耳旁有两种声音告诉我：一是更多的鼓励，告诉孩子——你可以；二是更多的选择，让孩子能找到自己的位置。

活 | 动 | 设 | 计

环节一：一个班一台节目

2010年，我到成都七中育才的第一年，也是第一次参与学校的艺术节。然而当我看到活动方案的时候，吓了一跳：一个班一台节目。

这是什么方案，和我想象中的艺术节完全不一样。我忍不住去找校长，"校长，什么叫'一个班一台节目'呢？"

就有了这一段对话：

校长：就是一个班准备一台节目，全校40多个班，演两个月。

我：演两个月呀，什么时候演？

校长：就中午，你们班先吃饭，其他孩子就端着饭来看。

我：演多久呢？几个节目呢？

校长：至少半个小时，几个节目随便你。

我：服装、灯光、道具、排练……谁来负责呢？

校长：都由你来负责，相信你，肯定没有问题。

我：那评奖吗？

校长：有过程就应该有评价，肯定要评奖！

我：但是一个班一台节目，怎么评价？

校长：只要你们班都上去就是一等奖。

这段对话，我至今难忘。孩子们自己策划，自己排练，全部上场，有孩子说叶老我不会，我告诉他：没有关系，只要上去就是一等奖。

就这样，会的就教，不会的就学；我们班第一次艺术节就这样"莫名其妙"地开始了！

尽管质量并不高，但整台晚会很热闹，孩子们非常投入，从音效、布景、道具、主持、服装都是由孩子们自己完成的。第一个节目是全体女生表演的舞蹈《爱我中华》，演出过程中状况百出，但是演出结束后，发生了一件让我终身难忘的事。

表演结束后，一个女生的妈妈冲到我的面前，非常激动地拉着我的手说："叶老，太感谢了，非常感谢您，我这个女儿长得不好看，身材也不好，小学就从来没有跳过舞，这可能就是她这辈子唯一的一次跳舞了。"听完这段话，我突然觉得好激动，"唯一的一次"这是我从来没有想过的问题。是呀！孩子在我们这里读书，有多少个"唯一的一次"。在这三年，真的是功德无量的，我们应该多鼓励孩子："你可以试试""我相信你能行的"。

我想，在七中育才，如果能有更多的孩子尝试更多的第一次，那这是不是学生们来这儿学习的价值体现呢？

2010年12月16日，我在七中育才
的第一届"全员"艺术节

全体女生开场舞"爱我中华"

全班大合唱《爱因为在心中》

我会和孩子们

一起跳舞

环节二：跟孩子一起"疯"

2011年校园艺术节，校园艺术节有了新花样，以班级为单位，全班所有孩子都参与，一起跳一个集体舞，班主任领跳，如果可以拉到一个科任老师则加0.1分。这个规则出来的时候，在学校引起了轩然大波。当时，从我内心来说也是很抵触的，然而6年过去了，我现在回想起来，真的觉得那是一段美好的回忆。

我们经常说学生"叛逆"，在我看来所谓的"叛逆"表现在两个方面：一是渴望得到尊重，很多时候我们按照成人的惯性思维去思考，所以我们对孩子的行为不理解，而很多时候孩子只是渴望能表达自己的观点而已；二是表示和你不一样，孩子会觉得我们是不同时代的人，也可以叫"代沟"，这种下意识会让孩子喜欢我们不喜欢的，反对我们觉得对的东西。这是一种表达，而我们如果也可以爱上他们所爱，自然这种"叛逆"就会缓和很多。

所以放下我们的"班主任架子"，和孩子一起"疯"，可以让我们收获的一份信任，找到彼此的共情点，提升教育的有效性。

艺术节之前我真的没有想过，我会和孩子们一起跳舞。孩子们排练这个舞蹈的时候，我刚好外出比赛，每天在网上和孩子们交流的时候，我都显得很急躁，既不知道排练进度，又不能时时盯着。孩子们经常安慰我：放心，叶老，我们排练得很好，回来就教你。

一周以后回来，孩子们第一次跳给我看，我很难相信这是在班主任不在的情况下，孩子们自己训练的结果。后来当我穿着和孩子们一样的演出服，系着红领巾，迈着矫健的步子走上赛场的时候，我被一种无形但是强有力的力量推着往前。我用余光看了一下孩子们，幸福的笑挂在嘴角，原来我不老，孩子们也不嫌弃我老。

正如一个学生回忆说：世界上没有不可能完成的任务，刚接到表演任务的时候正好遇上叶老外出比赛，我真的很灰心！但是我们战胜了一切的困难，是集体的力量，是班级的力量让每个人都无怨无悔地去努力！只有在集体中这种精神才会变得强大，才能让我们每个人从中受益！

 环节三：有一种幸福叫成全

2014年11班的艺术节，除了全员参与的合唱比赛以外，还有一个项目是《育才好声音》，我在全班首先进行了海选，说实话班上会唱歌的孩子还真不少，有的还非常专业。但是学校只有2个名额，给谁，真的很为难！

最后我选择了两个节目，一个是尹沫文与伍海韵同学，两位女同学载歌载舞，能吸引大家的注意。另外我选了一个平时比较内向，在海选中也不算很突出的女孩李心童。而且我做出了一个大胆的决定：李心童同学演唱的时候，其他选手给她和音。懂事的孩子们并没有反对，而且还积极配合排练，同时我也知道，同学们对我的选择还是有一些看法的。

碰巧比赛时我在北京出差，不能在现场陪伴，虽然很多老师都热情地给我发来了现场的照片，让我弥补了些许遗憾，但是我知道更要弥补的是孩子们内心的困惑。

那晚我在酒店，给孩子们写了一篇文章：

有一种幸福叫成全，今天你们看到的将是整个11班

……选李心童，只因为一句话。那天我问她，如果我选你，你愿意吗？说实话，李心童，这一年多来，你的才华被你自己"隐藏了"，这样的同学在11班还有很多很多，自己有很强的能力，但是不愿意展示出来，害怕别人取笑自己，总觉得别人会笑话自己，所以老是畏畏缩缩。我看了21个同学，不管是为班级服务，还是积极参加活动等方面李心童都不算很突出。这次她报名参加海选，说实话让叶老很意外，但是我更意外的是那天她想都没想就回答"可以呀"，就为这句"可以"，我选了你！叶老想告诉11班每个孩子，只要你愿意说句"可以"，未来两年叶老会想尽一切办法为你创造条件。这首歌李心童原本

是不会唱的，从头来学，周四晚上还请老师专门指导了，如果今天下午唱的时候有点什么瑕疵，请11班的孩子们以最热烈的掌声告诉她："我们是你最坚强的后盾，我们懂得欣赏，欣赏一个人大胆战胜自己的勇气"。我还要说句，李心童，谢谢你，为自己，也为11班，感谢你！

但是我心里还是不舒服，为什么还有18位同学不能上场，《育才好声音》一年才一次，11班是一个集体，我们做的每件事情都应该心里有这个大家庭。我做出了一个决定，那就是所有落选的同学都上场为他们伴唱。我们都上台，我们就要让全年级看看我们是一个整体。今天下午的决赛，我们班的亮点不仅仅是这三个同学，而是我们整个11班呀！请大家原谅我的"残酷"，淘汰了可能更优秀的选手，但是今天我们11班的中心词是"成全"，我们都是独生子女，我们从小都只会"占有"，但是今天我们要学会"成全别人也是一种幸福"。

环节四：站着倒不下去的举手

教育应该给予孩子更多的可选择性。

他不喜欢这个，就做那个，总有一项对他的胃口。当然这背后我们需要付出的努力可能会比较多，但是这样的教育才是有意义的，真正的"面向每一个人"。

比如我带的初2016届11班，在2015年的艺术节活动中，学校就提供了各种项目让孩子们选择。

学校在艺术节给孩子们提供如此丰富的项目选择，就是要让每一个孩子都能找到自己喜欢擅长的项目，真正实现"人人参与"。

每个项目都有非常详细的比赛规则，有的甚至在寒假就已经下发到孩子们手上，这样孩子就可以利用更加充裕的时间去准备。任何事情想在前面、做在前面，做到极致，我们就真的能为孩子们提供更加广阔的舞台！

初二的孩子真的长大了，或者自己认为自己长大了，少了一点童真，多了一点腼腆。我宣布要全班参加本次艺术节的时候，察觉到有的孩子一脸的不情愿。

在和文艺委员充分讨论了节目后，我在班上选人，会唱歌的举手，不错的是还有几个同学举手；会跳舞的举手，霎时十几个同学都举起了手，于是我发现，男同学几乎没怎么参与；会说话的举手，惊讶之余，只有四个同学举手；站着倒不下去的举手，这话一出，全班都愣了。"什么意思？站着倒不下去，感觉是最简单的，不知道叶老后面还有什么坏点子，干脆起来吧！"一个、两个、三个……结果全部站起来了！

任务分解以后，其实每个小组的内容也不复杂，孩子们完成起来也不会觉得有很大的压力，反而更多的是享受投入其中的乐趣。

人齐了，自然节目就有了，这个创意来自一部电影《博物馆奇妙夜》，在没有请外援的情况下，孩子们自己琢磨，其结果是相当精彩且极富创意。

最后我们班以9.82分的绝对高分获得第一名，孩子们的专注、认真、高效为在育才的最后一次集体亮相画上了圆满的句号！我们为四川悠久的历史骄傲！我们为四川的人杰地灵骄傲！我们为四川的英勇不屈骄傲！我们骄傲，我们是四川人！

序幕：《看山看水看四川》，四个孩子（四个举手表示会说话的孩子）去逛四川博物馆。

第一幕《凤凰涅槃——金沙遗址（历史悠久的四川）》

这一幕展示金沙遗址复活了，会跳舞的孩子们跳了一段金沙的舞蹈。

第二幕《锦水有鸳——司马文君（人杰地灵的四川）》

四个孩子走着走着听见有人在吵架，原来是四川文豪司马相如和卓文君，有一个歌叫《白头吟》很适合这个场景，让会唱歌的孩子表演一下，孩子们说：那我们要穿汉服。我说都可以，只要你们觉得好看！

还有那么多站着倒不下的孩子做什么呢？川军抗战！

第三幕《壮士出川——川军抗战（顽强不屈的四川）》

艺术节给孩子提供丰富的选择、展示各自风采。

单车欲问边，属国过居延。征蓬出汉塞，归雁入胡天。大漠孤烟直，长河落日圆。萧关逢候骑，都护在燕然。乙未春戴语轩书

结庐在人境，而无车马喧。问君何能尔，心远地自偏。采菊东篱下，悠然见南山。山气日夕佳，飞鸟相与还。乙未春戴语轩书

浩荡离愁白日斜，吟鞭东指即天涯。落红不是无情物，化作春泥更护花。乙未春月戴语轩书

不论平地与山尖，无限风光尽被占。采得百花成蜜后，为谁辛苦为谁甜。乙未春月戴语轩书于锦里

书法比赛

毛虫展翅

校园漫画比赛

班级"微电影"拍摄

　　我从里面选了四个孩子来朗诵《死字旗》，其他孩子就站在后面演壮士！这一招太厉害了，有气势、有情怀、有感动，且全班都上场了。

　　就这样分工还有一个孩子不愿意，"叶老，你看我长得这么胖，我穿上这个衣服站在后面也不像川军战士，我喜欢摄影，如果可以，本次艺术节从排练到最后的演出我可以拍照，摄影也是艺术嘛。"

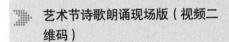 艺术节诗歌朗诵现场版（视频二维码）

2016届11班艺术节照片《博物馆奇妙夜》（视频二维码）

2019届1班艺术节合唱《萤火虫》（视频二维码）

2016届11班自制微电影（视频二维码）

2019届1班自制微电影（视频二维码）

最美是您

活 | 动 | 背 | 景

从班级活动来看，这个节日主要涉及我们的女老师和妈妈，在这个日子让她们感受到浓浓的爱，对于凝聚我们的班科团队、增强家校合作、提升班级温度都有非常重要的意义。

因为爱，所以更愿意投入，更愿意付出。

活 | 动 | 创 | 意

打造一个有温度的班级，就是要让班级中每一个人都能表达自己的爱，同时也能感受到别人的爱。

就像开学第一天我就告诉我们班的家长，当你每天放学在校门口等待自己的孩子时，希望你能叫得出每个1班的孩子名字，并给一个微笑。同时我也告诉所有的孩子，当你每天走出校门的时候，看到所有的1班家长，叶老希望你都认识，并喊上一句"叔叔阿姨好"。

这样的班级氛围，就需要有温度的活动，在活动中彼此认识、了解、最终形成默契，让每一个人因为在这个集体中感到温暖和无比骄傲。

活 | 动 | 设 | 计

  环节一：我给妈妈写一封信

2011年的妇女节，初2013届18班的每一个妈妈都收到了一份特殊的"妇女节"礼物，孩子们亲手写给妈妈的信！

对于这个活动，我们班学生的妈妈都不知道，是孩子们和爸爸们偷偷策划的！我还特意制作了属于我们18班的专属信笺，增强学生们在活动中的仪式感！

其实随着现代通信方式的增多和便利，我们已经很久没有收到过纸质的书信了，当然自己亲笔写一封更是很少。很多妈妈说，不管内容如何，这样的墨香已经久违了！其实这一刻孩子写得是否感人已经不重要，重要的是表达爱本身不存在好坏。

还有一个小细节，这封信是在妇女节当天邮寄到妈妈单位的，为了不提前泄密，18班的孩子和爸爸们都偷偷行动起来，这份爱也就显得更加浓厚！其实爸爸也觉得好久没有和孩子一起给过妻子惊喜了！

下面是部分妈妈的感言：

曾子文妈妈：叶老，我在办公室里，刚刚收到孩子寄给我的"给妈妈的一封信"，好意外，好感动，这是我"三八节"收到的最珍贵的礼物。

李洵美妈妈：我也收到了！久违了这温馨的手写书信，加上娃娃好多不愿直面交流的真情流露，很惊喜、很感动！

傅振林妈妈：收到我儿子给我的信了，很好很棒。

张寅聪妈妈：刚才反反复复读了几遍，心里真的好感动，感谢叶老对孩子用心的教育，也感到孩子确实一天天在长大，他有自己的想法了，他说出了平时不愿和我说的话。再次感谢叶老！

高诗雨妈妈：收到女儿的信了，文章全是用文言文来写的，虽然有些地方我还有点读不懂，但还是非常激动，感谢老师，用这种方式让孩子来表达心声，也祝老师们节日快乐！

张予姝妈妈：昨天一大早收到女儿的信，真的很感动。谢谢叶老组织的这次活动，孩子除了学习，多培养他们的情商同样很重要。希望18班今后多开展这样的活动，我们一定大力支持。

范瑜妈妈：以前是我出差每到一处都会给他写封信，告诉他当地的风土人情，每到圣诞节都会以圣诞老人的口吻给他写封信，告诉他的优点和缺点，当然也满足他的愿望！今天终于收到他写给我的第一封信，我确实很感动，感动他在渐渐长大，在渐渐懂父母心了！

给妈妈的一封信

亲子共读话温馨

环节二：班级魅力女教师评选

　　妇女节也是班级女老师的节日，以小组为单位，为班级的每一位女老师颁发一个"魅力"奖项，并由小组成员撰写颁奖词，现场颁奖！

　　来看看孩子们的创意：

小组讨论现场

荣誉称号	获奖老师	获奖理由
最具活力女老师	校医	看见你整天在学校奔波，认真检查我们的清洁工作，简直活力无限哟！
最具风采女老师	数学	冯老在课堂上不断展示自己的英姿，让我们享受数学艺术的魅力，在授课方面独具风采，我们非常喜欢！
最具亲和力女老师	语文	你那和蔼的目光，让我们为之动容，你那温柔的讲述，让我们听得津津有味！
最具奉献精神女老师	英语	鹿老师用自己注满心血的独特方式，帮助我们在英语方面提高成绩，还很辛苦地见缝插针给我们解答疑难，我们爱死您了！
最具领导风范女老师	张校	七中育才的步步高升，都是你带领我们创造的奇迹！我们会更加努力的，身为育才人，我们很骄傲！
最美丽女老师	心理	不光是外表美，心灵更美！
最可爱女老师	美术	小眼睛，小脸蛋，可爱的嘴巴，可爱的眼，那就是我们美术老师王源源。
最具明星气质女老师	音乐	陈老上课活泼，和我们很合得来！大家都很喜欢你！你超级有明星份儿哟！
最具创意女老师	信息	课堂上，事半功倍，用最具创意的授课方式，教会我们更多的知识，让我们在信息的世界里遨游！

2012年的妇女节，当时班长说，我们还是以小组为单位去给老师表达我们的爱，东西不贵重，但是爱一定要说的，更要做到。孩子们去找了教他们的老师、关心他们的校医、学校社团的教练，放学前班长给我看了他们拍回来的照片，有一些照片让我震惊了：他们感谢的是学校后勤徐阿姨和门卫苏阿姨，我真的没有教他们这样做，但是孩子们想到了，很感动！看来我一直坚持做的事情，孩子们真的懂！

尽管妇女节和我没有关系，但是我却无比幸福。直到现在我还记得，那天我放学回家，苏阿姨拉着我说："小叶，我都快退休了，这是我在育才收到的第一份学生礼物。"

2016届11班魅力女教师颁奖（视频二维码）	2019届1班魅力女教师颁奖（视频二维码）

环节三：晒晒我和老妈的幸福

这是每一届我都会开展的活动："给妈妈送上一张特制的贺卡"。为了更有创意，每个孩子上交了一张和妈妈的合影，当然所有的妈妈都不知道，这又要感谢爸爸们的支持，利用这些照片我给每个孩子设计了一张独一无二的贺卡。相信妈妈们收到这么用心的礼物时一定很开心！

学生们晒和妈妈的幸福照

门卫苏阿姨说第一次
收到学生的礼物

　　我收照片的时候，有孩子告诉我没有和妈妈的合影。有的孩子不喜欢拍照，表达爱的方式太腼腆。我告诉他，那你今晚就和妈妈拍一张，但不能泄密！孩子说那多不好意思，我装作生气的样子讲："和妈妈拍照有什么不好意思的。"我还给孩子看了我手机里的我和妈妈的合影。

　　我们都爱我们的妈妈，但是不好意思说出来。叶老给孩子们提供一个机会，在这特殊的日子里，大声说出："妈妈我爱你。"我也会给我的妈妈发条短信，打个电话，告诉我妈妈："妈妈我爱您！"

　　中午时分，家长们已经陆续发现了小秘密。

　　傅振林妈妈：感动叶老的用心，感慨叶老的爱心，感谢孩子的真心。虽然到现在还未"找"到儿子的贺卡，但心里已很温暖舒心。

　　曾子文妈妈：刚刚在梳妆台上看到孩子悄悄留给我的节日贺卡，还有我俩的合影和孩子温馨的祝福，好幸福！

　　周颉好妈妈：你总是让孩子们带给我们太多惊喜！我相信18班的妈妈们一定都和我一样开心！为孩子们能在你的悉心指点下健康成长而感到幸运，谢谢叶老！

　　游传捷妈妈：意外收到儿子给我的节日礼物，幸福感从昨晚一直蔓延到现在。刚才在办公室给同事们炫耀一番，都好羡慕我们18班的家长哦，更感慨老师们太用心了。谢谢！谢谢！

　　李洵美妈妈：昨晚回家有点晚，帅妈妈的一席话还未看完，立马翻开枕头一看（真的是第一反应）：咦，没有，难道，哦，对了，明天，3月8日，明天一早一定有惊喜，一定有！带着几分期许甜甜入梦了。所以，我是幸福的，18班的所有妈妈们是幸福的，我们提前感受到了叶老教导孩子们带给我们的这份别致的温馨的祝福！

环节四：画张合影也不赖

2015年妇女节，初2016届11班学生决定用自己的彩笔画出和妈妈的点点滴滴！用行动感恩母亲的付出！

说实话策划这个活动的时候，我有点忐忑，毕竟孩子长大了，有了更多自己的思想，这个阶段还多了一份叛逆！画画不是每个人喜欢的，他们会认真对待吗？

给了两个晚上，一切都是秘密进行，我专门做了画纸，就是希望孩子们更加认真地对待！没有想到，交上来的作品让我感动了许久。

有的画得真像，一看就知道是谁，真是用了心的！

有的虽然抽象，但是一定会让妈妈看了笑得合不拢嘴！

有的画的还是连环画，自己在妈妈的怀抱里慢慢长大！

有的或许只有背影，拉着妈妈的手真好！

有的也许只有文字，但是足以代表那份浓浓的爱……

11班的孩子们，很多东西不要忘，也不能忘，我们必须要去做，永远都要做，这份礼物今天早上应该偷偷出现在妈妈的视线里，不知道大家第一眼看到什么感觉。

那一年，我印象很深，心中已经充满着"爱"的孩子们还偷偷发起了一个给男老师送妇女节礼物的"神奇活动"，而且非常有创意。

周子添妈妈：善读书者未必善感恩，在这"三八"特殊的日子里感谢叶老对孩子们的良苦用心和谆谆教诲。

向索祎妈妈：叶老，谢谢你的感恩教育！儿子这次给了我真正的惊喜。看到他写的：妈妈，我永远爱你。一下子觉得整天和我较劲的那个叛逆少年，变得好温情，情不自禁地给了他一个拥抱。

王云灏妈妈：一份兴趣，一份事业，一份热情，一份坚持，带给你的是博大的眼界，独特的人生。谢谢你的节日创意！昨天凌晨就开了礼物，儿子画了画，还写了信，泪湿眼眶，儿子问我怎么哭了？一时语塞，因为这一次看到他的文字，好像看到了一个更体贴、更细致、更有责任感的孩子。

我和老妈的合影，感恩有你

和母亲的幸福照

环节五：母子共读

2013年的妇女节，18班初三的时候，我开展了一个不一样的活动"亲子共读话温馨"。

之前孩子们在语文老师的组织下写过"我的爸爸"，很多文章让全班孩子和家长落泪感动！一位妈妈告诉我，我也想看看孩子心中的妈妈是什么样的！初一我们给妈妈写过一封信，但是这次不一样，这次我们是先读后写，不仅有温情还有文学范。在此，感谢语文张老一直忙碌到凌晨，为18班整理"母子"话题的范文。

三八节·母爱专题

请与孩子一起完成亲子共读，篇目：《小巷深处》《合欢树》《母子》共约8000字，20分钟能完成，读后母子分别以"母爱"为话题完成一篇不少于750字的真性情作文（自由本色地表达，不受应试作文的束缚，40分钟能完成），以深化对亲情的理性认识与感性表达，作为给妈妈的"三八节"礼物。

一、经典散文

（一）小巷深处（林莉）（必读）

很早就知道，我是在村那头的坡顶上捡来的。据说，那个季节，天还不太冷，依稀有几片早落的黄叶，在风中或上或下、或左或右、低低地打着旋。

当时的我被一件破蓝布袄草草地包裹着。有很多人围在那个坡顶上，却好像没有谁打算把我抱回去。有个好心人跑到巷口时对瞎眼的英姨说："天赐给你的呢！总比不知冷热的竹棒强。"又有人附和："收下吧，老来也有靠。"于是，英姨麻利地收了小摊，颇有节奏地用竹棒叩击着青石板铺成的路面来到我身边，随即央求热心人把幼小的我放进了她瘦瘪却温暖的怀里。

　　第二天，巷里的人都看到她拆掉自己住了十几年的小木棚，搬进了小巷最深处门口有两个滑溜溜石凳的小房子。为此，她从一双破棉鞋里拿出了她所有的积蓄——150元。于是，我在降临到人世间一个月后，真正拥有了一个家，我从此也就成了"巷口卖冰棍的瞎眼姨娘的女儿"。

　　据说，我那盲母亲当初是极泼辣的，并以厉害出名。在我被捡回后，她抱着我到处炫耀："我丫头多可爱，多漂亮，肉滚滚，嫩生生。"有明眼人曾很不服气地反驳："我说大姨呀，你捡她的那天我就想说了，收养姑娘嘛，也该挑个漂亮一些的，这丫头，黑不溜秋，眉不是眉，眼不是眼，您眼睛看不见，才吃了这个亏！"我母亲听着便翻了脸，呆在那人家足足骂了半天。不过这些都是后来别人对我说的。在我印象中，母亲从未这样泼过。有人说："为了这个丫头，英姨改好了！"

　　自我有记忆开始，家的概念就是一张笨重的积满油腻的木桌，一碗拌着焦黄猪油渣的酱油饭，一杯用折价过期的奶粉冲调成的牛奶和一只好大好长的棒冰箱。让很多人费解的是，在这四壁空空的家里，我居然也能顺顺利利地长大，顺顺利利地代替了母亲常年用的那根光润的竹棒。小巷里的人们不再听见那日日重复的青石板上有节奏的叩击声了，人们常见到的就是我——一个丑女孩，每天搀着一个盲姨娘从小巷深处缓缓地走到巷口。

　　巷口摆的小摊就是维持我们这个贫穷家庭的唯一希望。夏天，母亲总会如尊凝固的雕像般执着地守候在一个大大的冰棍箱旁，毒辣的阳光把母亲原已黝黑的皮肤晒得黑里透红，日复一日，竟成古铜似的颜色；因盲眼而被忽略了的手，总是留着黑而长的指甲；身上的衣服早已辨不出色彩来。但令人不解的是，我一直觉得她的生意总比别人的好，有时一天下来，竟收入十多块。这对于我们来说无疑是一个很让人满意的数目。我曾问她做生意的秘诀，她总微笑着说："坐在太阳最毒的地方守着卖，是绝对不会错的。"那刻，我才知道，这比别人多赚的每一分钱都凝聚着母亲加倍的血汗啊！到了冬天——冰棍无处可卖的季节，母亲就会操起针线缝制出20多条棉被，租给赶集的或帮工的乡民，每晚租金四毛到六毛不等。于是，整整一个冬天，母亲又忙于拆拆洗洗缝缝补补。

　　由于她的辛勤劳作及苦心经营，我们这个家居然也过得有声有色——饭桌上经常能上荤菜，而我衣服上的补丁也随着年龄的增长越来越少，直至没有。有很多次，看着母亲太劳累，我极想帮帮她，可她总是生气地说："你怎么这么没出息！好生读你的书去。"所以，在这个家里，虽然苦点，我却被调养得像个千金小姐——肩不能扛，手不能提，只知道读一些母亲不懂的书。

　　而母亲却总以我为骄傲。小学二年级那会儿，老师布置了篇作文，大概我写得比较通顺，而且用拼音代替了不会写的生字，老师大大表扬了一番，说了一些诸如"小小年纪，大有作为"之类的话。回去，我便把作文交给看不见的母亲，还得意地向她转述了老师的话。母亲竟高兴得落了泪。她一直把那篇作文珍藏着，逢人便拿出来给人看，说："我家莉儿可了不得，老师赞她有出息。"开始讲的时候，那些识字的也还有模有样地翻几下作文本，应和几句。后来说得多了，有人揶揄她："可不是，都说阿莉是你的冰棍调养出来的呢！"母亲是看不见人家表情的，听了这话便高兴起来，甚至卖冰棍时，我都成了她的广告宣传："吃我的棒冰吧，吃了就是聪明，跟我家阿莉一样。"弄得我很难堪。从此，即使得了表扬，我也不敢说给母亲听了。

　　开始的时候，我很满足于自己那由肮脏的板壁、黝黑的炭炉、简单的饭菜构成的生活，我总是自豪地倚在极为疼爱我的母亲身边，总是极自由地吃那令小朋友眼馋的永远吃不完的冰棍……。小巷深处，经常有我们一老一少蹒跚着的身影。有人说："一直听不到您竹棒点地的声音，倒还怪想的。"母亲这时便会骄傲起来，扬起头，握紧我的手，而我也真的以为自己是一个大功臣。

　　随着年龄的增长，我渐渐感到了自己的不同一般。同学异样的目光，老师分外的关切，时刻提醒我：我，是一个瞎子捡来的女儿；我，拥有的是一个特别贫穷的家。

　　我开始沉默，开始回避所有的同学，甚至开始厌恶我的家。我不再与母亲相伴而走，也不再从母亲卖冰棍的那条路经过。那段时间，除了几顿饭之外，我几乎整天泡在教室里，只是为了在那个卑微的家里少呆几分钟。有人向她问起我，她依旧满面春风："莉学习忙呢！老师赞她有出息呢！哪会在家耗时间！"除了我，谁也不可能看出她眼中深深的落寞。

时间飞逝，终于在中考过后的一个月，我接到了县城重点高中的录取通知书。我终于可以名正言顺地摆脱自己家庭的阴影，住进那隔了一座又一座大山的县城一中了。

临行前，我穿上了母亲用从微薄的生活费中硬扣下的钱购置的连衣裙。当我看见穿衣镜中颇具城市少女风采的"我"时，我终于下了决心，转向母亲，吞吞吐吐却又异常清晰地说："妈……您……以后别……如果没急事的话……不用去找我……""为什么？"母亲眼光黯淡了。好长好长时间的沉默，终于，她点了点头，顺手取过她那根不知啥时已从角落里拿出来并已磨得又光又亮的竹棒，叩击着地面向厨房走去。"您……"我上前扶住她，可她轻轻推开我："我去帮你弄点好吃的，食堂少油。"我有些哽咽，但我什么也没有说。

住读生活很快让我忘掉了以往的自己，忘掉了烈日、冰棍、瞎眼母亲带来的烦恼与卑微，也忘掉了临行前的那一点点不安。谁都不知道我是谁，谁都以为我也同她们一样拥有一个幸福的家。

一段时间中，母亲果然遵守诺言。每月由一位早年已住进城里却经常回乡的老婆婆帮我捎来一些营养品及生活费。坐落在小巷深处的那个家似乎与我完全隔绝了。我开始淡忘了家门前圆润光洁的石板，那门上斑斑驳驳的门锁，甚至淡忘了黄昏后母亲倚在门旁殷殷的招呼声。这样的日子平和而又迅速地溜过去，一直到我临近毕业的那个学期。

那个学期的最后一个星期。

当老婆婆将一包鸡蛋和50元钱塞给我时，我床对面的一位室友发话了："莉，你妈对你多好，毕业聚会把她请来，你的优秀成绩定会让她感到光彩！"

"哦……这？"我迟疑了瞬间，"我妈太忙了，她……抽不出空，你瞧，连带东西都一直请别人帮忙，哪有时间呢？"那刻，我惊异于自己说假话如同说真话一样。

送老婆婆出门时，我感激地对她说："您这三年来为我操了心，让您受累了。"

"你……"她看来有些激动，停了一会儿，又说："你考得真的很好？"

我点了点头。

"造孽啊！……"她竟长叹一口气，"你……你妈怎么那么死心眼！"

"怎么回事？"我突然有点紧张。

她不再说话，拉起我的手直冲出校门，然后拐到一个偏僻的巷子里。

老远，我便看见了，看见了她——我的母亲。在风中，她无助地倚在墙边，凌乱而花白的头发在苍老的脸颊旁飘扬着。我看到了她深凹的眼，布满青筋和黑斑如枯竹似的手，还有那根又光又亮的竹棒。

"莉呀，你有出息啦，可不能没良心啊。这三年，我哪这么有空个把月回乡？都是她央人把自己送上汽车，下车后又摸到我住的地方，把东西交给我，让我带给你，然后又孤零零地摸上汽车……"

我的视线顷刻间模糊了。朦胧的泪眼中，我依稀看到了村旁那长长的路，路旁那长长的小巷，巷里那根长长的竹棒，竹棒后蹒跚着一个长长的、长长的人影。

"妈妈！"我奔过去，为自己的虚荣，为自己的无知，流着泪。在风中，她的脸是那么黝黑，她的手是那么粗糙，她的眼睛是那么黯淡，然而她立在那儿却是那么挺拔，那么坚定，彷佛在憧憬，又彷佛在等候。

妈妈，我回来了，我已经回来了，我其实还记得，还记得来时泥泞的山路，还记得赤足跑过石板的清凉，还记得家里厚重的木门闩，还有，还有我们曾共同相偎走过的那条小巷，那条深深的小巷。

（二）合欢树（史铁生）（必读）

10岁那年，我在一次作文比赛中得了第一。母亲那时候还年轻，急着跟我说她自己，说她小时候的作文作得还要好，老师甚至不相信那么好的文章会是她写的。"老师找到家来问，是不是家里的大人帮了忙。我那时可能还不到10岁呢。"我听得扫兴，故意笑："可能？什么叫'可能还不到'？"她就解释。我装做根本不在意她的话，对着墙打乒乓球，把她气得够呛。不过我承认她聪明，承认她是世界上长得最好看的女的。她正给自己做一条蓝底白花的裙子。

  我20岁时，我的两条腿残废了。除去给人家画彩蛋，我想我还应该再干点别的事，先后改变了几次主意，最后想学写作。母亲那时已不年轻，为了我的腿，她头上开始有了白发。医院已明确表示，我的病目前没法治。母亲的全副心思却还放在给我治病上，到处找大夫，打听偏方，花了很多钱。她倒总能找来些稀奇古怪的药，让我吃，让我喝，或是洗、敷、熏、灸。"别浪费时间啦，根本没用！"我说。我一心只想着写小说，仿佛那东西能把残疾人救出困境。"再试一回，不试你怎么知道会没用？"她每说一回都虔诚地抱着希望。然而对我的腿，有多少回希望就有多少回失望。最后一回，我的胯上被熏成烫伤。医院的大夫说，这实在太悬了，对于瘫痪病人，这差不多是要命的事。我倒没太害怕，心想死了也好，死了倒痛快。母亲惊惶了几个月，昼夜守着我，一换药就说："怎么会烫了呢？我还总是在留神呀！"幸亏伤口好起来，不然她非疯了不可。

  后来她发现我在写小说。她跟我说："那就好好写吧。"我听出来，她对治好我的腿也终于绝望。"我年轻的时候也喜欢文学，跟你现在差不多大的时候，我也想过搞写作。你小时候的作文不是得过第一吗？那就写着试试看。"她提醒我说。我们俩都尽力把我的腿忘掉。她到处去给我借书，顶着雨或冒着雪推我去看电影，像过去给我找大夫、打听偏方那样，抱了希望。

  30岁时，我的第一篇小说发表了，母亲却已不在人世。过了几年，我的另一篇小说也获了奖，母亲已离开我整整7年了。

  获奖之后，登门采访的记者就多。大家都好心好意，认为我不容易。但是我只准备了一套话，说来说去就觉得心烦。我摇着车躲了出去。坐在小公园安静的树林里，想：上帝为什么早早地召母亲回去呢？迷迷糊糊的，我听见回答："她心里太苦了。上帝看她受不住了，就召她回去。"我的心得到一点安慰，睁开眼睛，看见风正在树林里吹过。

  我摇车离开那儿，在街上瞎逛，不想回家。

  母亲去世后，我们搬了家。我很少再到母亲住过的那个小院子去。小院在一个大院的尽里头，我偶儿摇车到大院儿去坐坐，但不愿意去那个小院子，推说手摇车进去不方便。院子里的老太太们还都把我当儿孙看，尤其想到我又没了母亲，但都不说，光扯些闲话，怪我不常去。我坐在院子当中，喝东家的茶，吃西家的瓜。有一年，人们终于又提到母亲："到小院子去看看吧，你妈种的那棵合欢树今年开花了！"我心里一阵抖，还是推说手摇车进出太不易。大伙就不再说，忙扯到别的，说起我们原来住的房子里现在住了小两口，女的刚生了个儿子，孩子不哭不闹，光是瞪着眼睛看窗户上的树影儿。

　　我没料到那棵树还活着。那年，母亲到劳动局去给我找工作，回来时在路边挖了一棵刚出土的绿苗，以为是含羞草，种在花盆里，竟是一棵合欢树。母亲从来喜欢那些东西，但当时心思全在别处，第二年合欢树没有发芽，母亲叹息了一回，还不舍得扔掉，依然让它留在瓦盆里。第三年，合欢树不但长出了叶子，而且还比较茂盛。母亲高兴了好多天，以为那是个好兆头，常去侍弄它，不敢太大意。又过了一年，她把合欢树移出盆，栽在窗前的地上，有时念叨，不知道这种树几年才开花。再过一年，我们搬了家，悲痛弄得我们都把那棵小树忘记了。

　　与其在街上瞎逛，我想，不如去看看那棵树吧。我也想再看看母亲住过的那间房。我老记着，那儿还有个刚来世上的孩子，不哭不闹，瞪着眼睛看树影儿。是那棵合欢树的影子吗？

　　院子里的老太太们还是那么喜欢我，东屋倒茶，西屋点烟，送到我跟前。大伙都知道我获奖的事，也许知道，但不觉得那很重要；还是都问我的腿，问我是否有了正式工作。这回，想摇车进小院儿真是不能了。家家门前的小厨房都扩大了，过道窄得一个人推自行车进去也要侧身。我问起那棵合欢树，大伙说，年年都开花，长得跟房子一样高了。这么说，我再看不见它了。我要是求人背我去看，倒也不是不行。我挺后悔前两年没有自己摇车进去看看。

　　我摇车在街上慢慢走，不想急着回家。人有时候只想独自静静地呆一会。悲伤也成享受。

　　有那么一天，那个孩子长大了。会想起童年的事，会想起那些晃动的树影儿，会想起他自己的妈妈。他会跑去看看那棵树。但他不会知道那棵树是谁种的，是怎么种的。

二、经典母爱小故事

（一）

亚美尼亚大地震，在首府叶里温，一对埋在屋瓦堆下，长达八天之久的母女，奇迹般地被救出了。那年仅三岁的宝贝，所以能熬过既无食物、又无饮水，而且阴湿寒冷的八天，她是因为躲在母亲的怀抱中，而且——她的母亲刺破手指，让孩子吸吮自己的血液，吸取养分，以维持不死。

（二）

考古学家，在被火山岩浆淹埋的庞贝古城，找到那似乎中空的岩层，凿出一个孔，灌进石膏，等凝结之后挖出来，竟呈现一个母亲紧紧俯身在幼儿身上的石膏像。

于是那一千九百年前，降临了灾难的庞贝，也便在我眼前出现，瞬息掩至的滚滚熔岩，吞噬了不及逃跑的人们。一个母亲眼看无路可走，屈身下来，以自己的背、自己的头，与紧紧环着幼子的四肢，抗拒明知无法抗拒的火般的岩浆。

于是母子都凝固了，凝固在火成岩之间。

三、母爱名言

1. 世界上的一切光荣和骄傲，都来自母亲。（高尔基）

2. 母爱是一束巨大的火焰。（罗曼·罗兰）

3. 世界上有一种最美丽的声音，那便是母亲的呼唤。（但丁）

4. 慈母的胳膊是慈爱构成的，孩子睡在里面怎能不甜？（雨果）

5. 人的嘴唇所能发出的最甜美的字眼，就是母亲，最美好的呼唤，就是"妈妈"。（纪伯伦）

四 月
April

　　四月阳春，柳絮绵绵密密被四月阳光散
装发放，迎春风一路吹到眼前，像一场不合
时宜的隆冬大雪。在江南之南的地方回望，
蜀地何来是没有这么多情的柳，却是更多柔
情的人。文史探究，四学会，黑白交错的校
服，烈士铜像上像芙蓉一般的一抹浓烈的
红，不同主题场馆里静穆的聆听和叹息，欢
乐谷里脸上油彩的18像是从皮肤里生长出的枝
丫，过山车、摩天轮，每一个项目都有18班留
下的足迹与欢笑，之后故地重游都似乎能听
见时空的回响。无情的总是时间，多情的总
是少年，很多次都想醒到在四月暖春的艳阳
里，而梦里仍是18班的光景。

2013届18班学生：周劼妤

特色活动十三、四学会

学会做人、学会学习、学会合作、学会健体

活 | 动 | 背 | 景

　　成都七中育才学校在初一年级学生中开展的"四学会"集中教育活动是学校德育的特色教育课程和优良教育传统，

　　其主要培养目标为"学会做人、学会学习、学会合作、学会健体"。活动开展时间大约在七年级下期半期考试之后，既可以起到发展锻炼学生能力的目的，同时也可以给学生紧张的学习生活增加一些情趣。在活动中育人，在体验中收获反思，最后有所提升。

活 | 动 | 创 | 意

　　在活动的设计上，学校给每个年级充分的自主权，除了一些常规的传统项目，每个年级都可以发挥自身优势，寻找资源，提升活动品质。

　　比如以下的活动都是我们曾经开展过的：

　　1. 通过聆听七中校长的报告，引导学生树立立志成才、报效祖国的远大理想，并能从平日的学习和言行开始规范自己的行为，养成良好的学习和生活习惯。

　　2. 通过参观七中，聆听七中优秀学子的学习经验和高中生活体验，让学生更好地了解七中的发展历史，明确学习的意义，懂得怎样学习，并激励他们拿出行动，为实现自己的短期目标而奋斗。

3. 通过听专家报告，以及观看电影《歼十出击》，激发学生的学习热情及创新意识。

4. 通过参观建川博物馆，了解历史文化，感悟做人的真谛，树立正确的人生观、世界观。

5. 通过在拓展基地的野炊及拓展训练活动，培养学生的生活能力，让学生在活动中锻炼体魄，感受生活的乐趣，体会相互协作、相互信任的重要性，培养学生良好的个性品质。

6. 通过《"四学会"自我教育手册》的填写，使学生在做人、健体、学习、合作等方面的认识有所提高。

7. 通过聆听礼仪老师的报告，引导学生懂得文明礼仪的内涵，迈好与人交往的第一步，增强学生与人交往的能力，让学生懂得在公共场合排队集会及见人问好的基本规范。

8. 通过聆听动物保护专家的报告和参观熊猫基地，参观现代草莓园基地，让学生懂得珍爱自然，珍爱动物，懂得人和自然的和谐相处关系，学会关爱自然界中的一切生命。

以上活动各个年级可以根据实际情况进行取舍，优化资源，给学生提供最优质的活动品质。

活 | 动 | 设 | 计

 环节一：见贤、思齐、志高远

七中高中之行是每年"四学会"的传统活动。我们会聆听到高中校长的专题报告、育才学子在七中高中的学习经验交流和观看七中专题影片。七中高中之行也是我们"四学会"第一天活动。在这里孩子们要完成以下任务：

1. 写一写：你心目中的成都七中是什么样的呢？

2. 查一查：你知道七中有哪些令人瞩目的成绩或名师、优秀学生？

3. 聆听七中校长讲话、观看七中教育专题片；

学生们从七中出来后的合影

瞬间

4. 七中优秀学子报告会——我的听课笔记；

5. 今天我的最大收获；

6. 为了我的高中梦想，从现在开始，我应该……

7. 今天小组考核记录；

8. 我向父母讲述了今天的活动及感受后，父母想对我说的话。

活动结束后，小组长从以下几个方面对组员进行评价，分A、B、C三个等级。

着装		纪律				环境保护	其它情况
校服	红领巾	集队	步行	乘车	活动	清洁	

今天综合表现：

组长签字：

环节二：野炊、合作、享自然

　　我们走进团队训练基地，那里有丰富多彩的拓展训练活动，还有大家期待已久的野炊！每个同学都渴望积极参与其中，感受自由、独立、协作的魅力。

　　在野炊前我们举行了班级（人人参与）磨豆浆比赛，虽然每个人只有短短十秒，但现场竞争激烈，每个班欢呼声、加油声震耳欲聋，实为一大盛景。

　　野炊涉及取柴、生火、添柴、打水、清洗这些烦琐的环节，技术难度不高的活也需要人去干，所以不能以为有一两个大厨就能搞定一切，比如总有一些同学是不会做菜的，也要把他们加入团队中来。好的团队是能够吸纳一切力量的，而不是仅仅去寻求有用的力量。我们见过最强的团队是每个人都可以从生火、清洁、做菜轮流操作一遍，但技能差一些也不用着急，每个人负责好单项工作，效果一样好，团队成绩不是个人能力的叠加，互补互助方能做到最好。

　　野炊是一个集体活动，要在规定时间内完成预定的烹饪项目，需要依靠团队所有成员努力。如何分配每个成员的角色和工作非常重要。所以我们可以按照工作计划表的形式来分派每个人在野炊活动中的工作，甚至详细的工作计划分派表是将野炊活动分成若干个小块时间段，每一个时间段内的成员工作计划都进行分派。这样的工作和成年人在实际工作中的工作计划已经完全一样了。

分工是至关重要的，比如，小组的名称、小组总负责人、活动口号等，需准备菜品等都需计划先行，根据我们的商量，我们小组的分工如下：

野炊活动人员工作内容清单（推荐）

班级名称	级班组	制表时间		活动地点	
工作内容细分	代号	工作描述			
	01	制定菜谱、细分任务给各组员，决策项目、财务统计均摊。			
	02	负责木耳肉片、炒豆芽的学习和现场制作，列出该菜品的物料清单，进行活动前的物料采购、准备，包括主料、辅料、调料的采购、清理、分包。			
	03	负责青椒鸡、炒笋尖的学习和现场制作，列出该菜品的物料清单，进行活动前的物料采购、准备，包括主料、辅料、调料的采购、清理、分包。			
	04	负责回锅肉、烧三鲜的学习和现场制作，列出该菜品的物料清单，进行活动前的物料采购、准备，包括主料、辅料、调料的采购、清理、分包。			
	05	负责学习野外生火，柴火收集、添加的技巧，现场负责生火。			
	06	负责收集02、03、04对调料的要求，对调料进行汇总，并进行采购、分包。			
	07	负责收集02、03、04对餐具的要求，对餐具进行汇总，并进行分包。			
	08	统计物料清单。			
	09	按清单采购、准备物料，进行费用统计、费用均摊。			
	10	检查物料准备情况。			
	11	现场领取活动所需的锅、铲、桶等物资。			
	12	收集木柴、生火、进行火的维护。			
	13	打水、清洁台面、布置操作区域、中途临时检柴。			
	14	协助烹饪人员工作、递送材料、装盘、摆盘。			
	15	灭火。			
	16	摄影、摄像、照片挑选、洗印。			
	17	打饭。			
	18	用餐后清洁工作区域。			
	19	主持饭后的总结工作。			
	20	填写总结工作报告。			
	21	检查。			

学生们挖完土豆合影

活动间隙的
小游戏

不知道为什么，每一届我都觉得要经历了"四学会"，我和孩子们才会"亲"。当班主任久了，难免有的时候就有了一张班主任面孔，而在这样的活动中，我可以放下自己，和孩子们尽情地去享受在一起的乐趣，当班主任能做到"不掩饰自己"是很难得的，所以，我很幸福。

2019届1班在四学会中翻越

"毕业墙"

环节三：躬耕、强身、知稼穑

　　根据前期的踩点，反复现场研究活动方案，我们走进神秘的现代草莓博览园，到草莓生产车间进行实地参观考察。让同学们了解草莓的基本知识和

学生们种植农作物

学生们向种植人员请教农作物问题

草莓种植新技术，同时训练对安全草莓的甄别能力，比如，看颜色，好草莓呈现油亮的红色，用药过量的发暗；看重量，好草莓个大且沉，用药过量的个大但发轻；尝味道，好草莓甜香细腻，用药过量的发酸且有渣滓。走进一个地方不仅仅是走马观花地看，还得还原生活，用于生活。

农业技术体验

2019届四学会摄影片段（视频二维码）

特色活动十四、文史探究

寻巴蜀灿烂文化，育学子故土深情

活 | 动 | 背 | 景

在关注学生核心素养全面发展的今天，关注文史知识学习，尝试社会民俗探究是让学生体验多彩人生的有效载体，是在感悟、实践、交流、合作中锻炼自我、提升自我的有效途径。

为此成都七中育才学校每年4月都组织八年级同学进行"文史探究"活动。此项活动在每年不断优化的基础上，已经成为实践课程的重要组成部分，成为育才传统课程的一个精品。

活 | 动 | 创 | 意

大胆、合理开发课程资源是现在课改的一个重要突破口，能够有效利用好地方资源，让学生在生活中去体验、探究、总结是我们设计三天（或两天）文史探究活动的初衷。

活动有效提高了学生的文史涵养，同时也包含了小组合作、文明习惯养成、班级竞技比赛等综合实践性课程的因素。

由于这个活动在八年级进行，相比我们学校另外一个七年级开展的特色

活动"四学会"，我们可以给学生更多的自主权，让学习真正成为一件快乐的事情。

活 | 动 | 设 | 计

 环节一：大军开进，粮草先行

我以七中育才2015年文史探究为例，同时穿插2012年的部分活动，全景为大家展示这一特色活动的魅力。同时也提供作为一个班主任如何利用好学校大型活动的契机，创新拓展活动内涵，提升活动价值。

这既然是"文史探究"活动，自然"文史知识竞赛"就是活动中的重头戏，此活动以班级为单位，各科任老师也都积极参与其中。

首先进行的是班级文史知识竞赛初赛，初赛试题由语文、历史、政治老师共同完成，全体同学积极参与，共分为50题，其中历史、文学题各25题，通过竞争角逐，每个班选出三名同学，将在文史探究活动中代表班级出战。每个班初赛结束后，再召集全年级各个班的选手，详细地讲述比赛规则和要求。每个班以抽签的方式代表一个历史文化名城，他们的试题将围绕这些文化名城展开，同时每个班还要制作相应的海报、宣传语等。

我们把每个班的选手和对应的文化名城喷绘出来，做成灯箱在学校内部宣传，营造氛围。活动一定有过程，并且留有痕迹，要教会学生探究的方法，故年级全体老师编写了《文史探究手册》，手册就活动方案、活动地点、探究方法、活动互动等进行了整理，也作为一份礼物献给孩子。

2015年的活动我们更多体现的是一个"探究"，我们给孩子们更多的自主权，初二的孩子们应该有别于初一了，育才的学子更应该有全面综合的素质、健康完善的人格。因此，我们做了更加大胆的尝试：

	时间段	活动地点	内容
第一天 （4月29日）	上午9点半到2点半	根据要求，各个小组自由选择	文史探究活动
	2点半返回学校	各班教室	总结、安排第二天的展示活动
	3点半放学	自己家中	独立完成自己的实验报告； 小组合作完成第二天的展示活动
第二天 （4月30日）	上午1—2节课	各班教室	分小组展示探究活动成果
	上午3—5节课	学术厅	文史知识竞赛决赛
	下午	学术厅	听叶德元老师川剧讲座，现场欣赏川剧《白蛇传》进场
	4点总结，4点半放学	各班教室	班主任总结

　　进入准备阶段，各班召开班会，学生按照兴趣爱好组成四人小组外出实践调查，学校提供10个相对集中的环境供学生自主选择，并提供多项研究内容供学生选择。我们在每一个点都安排了班主任和下班老师执勤，每一个小组还推举了一位家长为安全员，为我们的孩子们保驾护航。

分队	地点	提供选择的项目	老师执勤点	值班教师	联系电话
1	武侯祠	四川名人、蜀锦、蜀绣、盖碗茶、转糖人、四川小吃、川剧、清音、相声等	武侯祠结义楼		
	锦里		锦里门口星巴克		
2	川剧博物馆	四川名人、川戏、盖碗儿茶、四川小吃、川菜等	悦来茶馆		
	春熙路		春熙路中山广场麦当劳		
3	水井坊博物馆	四川名人、川酒、汉代画像砖、西南少数民族文物、唐代佛教石刻、历代名纸、四川陶瓷、明清书画等	兰桂坊星巴克		
	李劼人故居		川大博物馆门口		
4	四川博物馆	四川名人、佛教艺术、青铜玉器、蜀绣、盖碗儿茶、转糖人、画像砖、扇面、四川小吃、盖碗茶、转糖人等	四川省博物馆三楼休息厅		
	杜甫草堂		杜甫草堂北邻茶社		
5	宽窄巷子	四川名人、蜀锦、蜀绣、盖碗茶、转糖人、四川小吃、川剧、清音、相声等	宽窄巷子星巴克		
	人民公园		鹤鸣茶馆		

学校动员会

学生们在宽窄巷子完成任务

学生们制作明信片

文史探索活动瞬间

人民公园探究小组（拍摄于
保路死士纪念牌）

 环节二：探究·特色

以11班为例，全班分成14个小组，在成都10个不同的地点展开历史文化探究，在实地的"文史探究"中，学生们通过参观游览、主题访谈、前身体验、相互协作，真正做到了有"探"、有"思"、有"学"，进而创造无限可能。

"文史探究"的第二天，就是对探究结果的展示。一是班级小组展示，每个小组5分钟，利用ppt讲解、情景剧表演、视频呈现等方式向全班同学展示小组的探究成果；其内容包括主题选择、探究过程、探究报告、感悟收获等；最后班级老师和同学再根据各小组的展示进行评选，选出最优秀的几组代表。二是进行展示卡展示，小组探究报告展示卡就是载体，记录小组探究的发现、结论和感想，同时还有父母的感受与想法。

班级文史知识竞赛大比拼，旨在通过多种形式的互动问答，加深同学们对文史知识的了解，开阔视野，提高将理论知识应用于实际的能力；同时，通过观摩选手们在台上的对决和拼杀，学习竞赛答题技巧以及临场应变能力，提高我们育才学子的综合素养。

最后就是结合学校川剧特色而设置的"蜀戏冠天下"。这个项目是我们每年"文史探究"的必修课。在2016届我还专门邀请了成都市川剧研究院的老师们来为同学们演出川剧《白蛇传》。

任何活动都不能为了形式而形式。为了让孩子们的观看更有价值，或者说更能看懂，我用了一个月的时间搜集材料，专门为孩子们准备了一个讲座《白蛇传说》。从历史、人文、现实意义、舞台表现等多种形式展示这一凄美的故事，然后在讲解中将问题逐个抛出来共同思考。比如，为什么我们会选择蛇作为主角，蛇在中国文化中有什么象征意义？为什么是白蛇？而不是黑蛇？《白蛇传》的故事流传了千年，它的现实意义何在？雷峰塔真的存在吗？它的

"倒掉"说明了中国人民一种什么样的情结？白蛇是妖，许仙是人，他们可以在一起吗？《白蛇传》故事本身的演变说明了中国人思想的何种改变？怎么欣赏川剧的《白蛇传》，它和其它剧种有什么不同？为什么川剧的《白蛇传》中小青是个男的……这些话题，都很好地激发了学生的兴趣，也为他们更好地欣赏这出名剧起到了很好的铺垫作用，埋下传统文化的种子。

演出结束，我邀请了一位神秘嘉宾，她就是成都市川剧院副院长，中国戏剧梅花奖二度梅获得者，《白蛇传》的导演，有"川剧最美白娘子"之称的陈巧茹老师来到了现场和同学们见面。

我在大屏幕上投影了两张老照片，第一张是她的师傅演出白蛇传的剧照，我问陈老师，哪个是您呢？老师笑着指了一下那只小乌龟。陈老师说："刚开始演出只能演乌龟。但是小角色也有大梦想，只要你足够努力，永不放弃，就能演白娘子。"她指着第二张照片说："大家看，这就是我第一次演白娘子的剧照"，现场掌声雷动。我听到一个孩子们小声地说："她还演过乌龟呀？"是呀！孩子们，没有什么人的成功是巧合。一路走来都不容易，孩子们，幸福是什么，幸福就是走过的一路艰辛。

之后我又出示了一组照片，这是我偷偷拍摄的。在过去的半年里，这些年轻的演员，他们平均年龄不到20岁，为了这个戏，从酷暑练到严冬，才可能有今天完美的呈现。虽然已经演出了几十场，但是为了今天的演出，上一周还专门进行了排练，而且还是周末时间，这就叫"台上一分钟，台下十年功"。

我要感谢川剧，感谢这些年轻演员，今天演出白娘子的演员才19岁，他们用青春传承古老的川剧，再辛苦也只为观众的掌声，只为一句"今天演得不错"，说到这里我哭了，孩子们哭了。站在我旁边的一个小演员，小声地问了旁边的伙伴："感动吗？"我看见他们两个都在偷偷擦拭眼泪。

其实任何事业，只要坚守下去，都会收获掌声。

小组展示探究成果

知识竞赛中学生
们制作的海报和
口号

学生们现场观摩
《白蛇传》

环节三：评价

有过程就一定要有评价。在这个活动中对于表现突出的个人、小组都可以进行表彰。还可以根据活动的效果，评选"优秀实践个人""优秀实践集体""优秀展示卡制作""优秀小组手册书写""最具创意展示"……

"办最适宜学生发展的学校，给孩子多元的学习平台"是育才一直的育人理念，本次"文史探究"不断创新的学习模式是佐证；在活动中给予孩子教育是佐证；肯抓教育契机是佐证。把教育深深地扎根于土壤，窥见的是灿烂的巴蜀文化，培育的是浓浓的故土深情。育才在探索优质教育上还在继续努力，坚守我们的"育才"梦想。

以上只是我们在2016届的具体操作办法，其实就"文史探究"为话题还可以有更多的形式。其中把课堂搬到博物馆就是不错的选择。比如2013届我们在金沙遗址上古蜀文化历史课，在四川省博物院上汉代画像砖课，在成都市博物馆讲张大千，2016届我们还去过建川博物馆，在这里上一节生动抗战课，并且在烈士群雕广场进行庄严的入团仪式……

景一航爸爸：紧张的初二下期，学习的同时开展这样意义深远的活动，作为家长，深感学校和老师的良苦用心！"卓尔不群，大器天下"不是空洞的口号，正是在平时的学习和各项有益身心活动中让孩子们慢慢成长起来的。相信孩子们在这样的环境下，都会得到提高，也许他们现在还不是很明白这个道理，但时间虽如流水般滑过，育才的烙印将伴随他们一生。

贾了佳妈妈：通过跟踪孩子们的"文史探究"活动，我发现了他们不经意间的迅速成长，有思想、有计划、有情趣、有修养，活泼大方、有理有节。虽然天气热、走得多，还边看边背资料，是很热、很累的一天，但是孩子们很好奇、很认真、很热忱，学得快乐，这一小段旅程充满了美好和纯真，令人难忘不舍！

学生们在 **建川博物馆**

2016届11班文史探究小组分享（视频二维码）

特色活动十五、愚人节

笑对"玩笑"

活 | 动 | 背 | 景

其实从我自己当学生开始，我就没有过什么愚人节。一方面这个节日对中国影响并不大，另一方面就是这个节日在很多学校其实是明令禁止的。在我们看来愚人节就是"整"人，学校往往出于安全考虑都不赞成在学校过愚人节。

我真正过愚人节是2014年，始于我的一句玩笑话，没有想到这句玩笑话却给我带来教育的契机，让我与学生都有了实效性的收获。

活 | 动 | 创 | 意

其实组织这个活动本身并没有什么创意，就只是我一句玩笑话而已。但是班主任如果善于发现活动过程中的"教育契机"，就一定能事半功倍。

很多时候我们不是为了"创意"而"创意"，也不是为了"活动"而"活动"。比如在过这个愚人节的时候我根本不知道接下来会发生什么，没有想过要达到什么样的"教育目的"，往往这种没有"挖坑"的活动设计，能收获到更多的意想不到。

活 | 动 | 设 | 计

 缘起：一句加油打气的玩笑

　　2014年3月31日是学校的艺术节展演，我们班排练了合唱节目。但是因为很多班都请了专业老师指导，我们班都是学生自己排练，加上班上并没有声乐方面特别出众的孩子，我察觉到了班上部分学生士气有点低落。

　　赛前，为了给孩子们加油打气，我宣布"这次比赛，只要我们班能够进入年级前三名，第二天的愚人节你们可以随便'整'我，我绝不生气"。听到这个消息，全班一阵欢呼，几个学生不停地问我："叶老，你说的当真？真的可以随便整你？你真的不生气？"犹记得当时我只顾笑嘻嘻地点着头，心里却是相当紧张，不清楚会发生什么事情！

　　比赛现场，孩子们自信的微笑、整齐的队伍、创意的展示，赢得了专家与同学们的一致好评。我们满怀激动地等待比赛结果，结果我们获得了年级14个班第5名。名次宣布以后，班上的孩子们非常失落。我告诉大家："我觉得很好呀，第五名，也是一等奖，已经远远超过预期了，这是你们表现最好的一次，大家不要难过"。学生们则表示，我们难过，是因为明天我们"整"不到你了！这就是与学生亲近后的孩子气。

　　按照我的惯例，任何一个活动结束我都会让孩子们回到班级进行全班总结，回班路上我看到孩子们失望的背影，我也在想怎么收场。愚人节好像学校是不提倡的，那我可以做吗？当班主任久了，难免就会有一张班主任特有的"脸"。兴许做一场愚人节的活动还能增进友谊，让他们也知道我不是老古板。

　　回到班上，我先表扬了孩子们当天的表现，然后重磅宣布："虽然今天没有达到我们进前三的目标，但是你们今天的表现算最好的一次，大家明白了什么是班级荣誉，有目标才会有行动，才有会今天如此精彩的展示；所以，我决定明天'整'我的活动照常进行。"孩子们听了简直不敢相信自己的耳朵，

2014年学校艺术节合唱比赛

愣了两秒，接着全班欢呼。

我告诉大家，首先大家要了解愚人节的由来，为什么国外有这样的节日。活动在明天中午12点之前结束，下午不能再"整"了。另外"整"的对象只能是我，不能同学之间互相捉弄。

那夜：孩子们到底会干什么呢？

回到家里，我一直都很好奇，孩子们会怎么"整"我呢？我们班有一个学生群，我希望孩子们多一点自主的空间，我就没有加入，故而对于学生们的想法很多时候我是不清楚的，但这次愚人节整蛊的对象是我，霎时我就紧张起来了。

我终于忍不住在家长群里求助，说明了事情原委，希望有家长们帮我探一下学生们讨论的动态。很快家长们被我调动起来了，一个小时后，家长给我截图。

A：端盆水给他泼过去。

B：这样会不会太过分了？

C：他说了他不会生气呀！

D：班主任的话你都相信，他说他不生气，就真的不生气吗？

看完这样的对话，我哭笑不得，但是其实我明白教育已经在发生，在不经意间。

 那天：我终身难忘

来看看孩子们当天是怎么"整"我：

1. 卯足了劲地摇可乐瓶，请我喝可乐；

2. 满是芥末的月饼，那芥末都被挤了出来；

3. 转身的功夫，手机就不翼而飞了；

4. 刚买的水，一眨眼的功夫就不见了；

6. 电脑密码被人改了。

恰巧也是在那天，我临时接到通知去开会，为了不让孩子们失望，我特意请假在办公室等待孩子们的光顾，这几个小故事也就发生在那一时段。现在想来，那天"整"我的孩子，只是极少数，而且是几个和我平时关系很好的学生，更多的学生是在观望，他们还不相信这一切是真的。当看到我真的没有生气，孩子们才越放越开。到截止时间，没有赶上的学生还放话："叶老，明年你等着我"。

我不喜欢为了班会而设计班会，无病呻吟一般都一无是处，只有先有体验，才有更深的体会。午间时分，我召开了一次特殊的班会课，对上午的活动我也做了总结。

通过这次愚人节，我先教会了一部分同学"分寸"，也以身作则教会同学"大量"，让学生明白"己所不欲，勿施于人"，学习生活中面对善意玩笑要做一个有分寸、有度量的人。

尾声：活动的背后就是"关系"

　　林格说：教育学在一定程度上就是"关系学"，改变了关系，也就改变了教育。

　　当天活动结束完，我给四月份过生日的孩子送了礼物。每个月我都会给孩子们送上我的特殊心意。而且每次我都很用心，但是那天，我先送给他们的是一人一张书签（春节时余下的礼物），三个孩子略微有点失望，但是我要求他们必须笑着拍照，接着我又送上了真正的礼物——专门从北京带回来的全套12生肖剪纸。突然间，全班同学都笑了：原来叶老也是"整人"高手。

　　很多活动不一定要学生"感悟"什么，能够让孩子们开心、走近老师、亲近同学也就够了。这十多年来，我做了很多这样的事情，没有"目的"，只有快乐，但是我相信教育的关系已经衍生，教育的"目的"已经达到。

　　2015年9月10日中央电视台播放了《寻找最美教师》的特别节目。很荣幸我在那一年被评为"全国最美十佳教师"。当天晚上，一个孩子在他的QQ空间里写了这段话（节选）：

　　可能是长久以来的积压突然想说出来，从第一次跨进育才校门……我当时并不认为一个老师可以真正地理解学生，但这一次，我输了……

　　我离家出走，你找到我，没有质疑、责备，只是大大咧咧的样子，让我和你回去，这让我感受到了家的温暖。

　　每次你找我帮忙的时候，家里人总是表示理解，如果是小学的时候，我绝不会理睬班主任的求助。你总是课上课下和大家开玩笑，拿自己来侃侃而谈，谁能知道你嘴上一句带过的话，蕴藏多少辛酸。我告诉你在我QQ的分组（他把我放在"家人"这一组），你丝毫不意外地说，对啊！我们一直就是兄弟！我对这句话也不那么意外了，一直以来都是啊！

我给四月份过生日
的孩子

送礼物

五月
May

　　五月的成都经常是晴天，暖暖的阳光，一盏盏碗茶，一地油菜花，便足够使人醺醺然地醉去，醉倒在一片碎阳里。也总会在这种日子里想到那句"我有故人抱剑去，斩尽春风未可归"，之前觉得是深闺少女静待情郎归，或是老来醉酒忆少时友，浪漫之余有淡淡悲凉。而后想到若是家母等候远游的浪子，则这似有母亲的自豪骄傲，也有淡淡牵挂，牵挂后的不舍，不舍却必须舍的苍凉。现在回想起少年时的母亲节活动，稚嫩的笔触写下的话语，彩色的水笔落下的痕迹，在这特殊一天的来自18班的特殊惊喜，都在提醒着每一个18人，我们背后站着的是怎样一个为我们遮风挡雨的女性。

2013届18班学生：周劼妤

特色活动十六、道歉日

说句"对不起"，其实很容易

活|动|背|景

国家道歉日是从1998年开始每年5月26日在澳大利亚举行的纪念日，以纪念过去澳洲政府对土著居民儿童的伤害。ENIAR（欧洲澳大利亚土著人权网络）从2005年开始在伦敦举行每年一度的国家道歉日。2005年在伦敦举行的纪念日是首次在澳大利亚以外举行，以提高人们对土著在英国情况的认识。纪念日包括土著与非土著澳大利亚人的演出和演讲，将英国国民与土著澳大利亚人联系在一起。

活|动|创|意

道歉是一种勇气，敢于道歉是一种自我教育的过程。这个活动我策划在初二阶段来做，严格来说，不算是一个很常规的活动，是我无意中发现的一个节日，但却让孩子们明白了自己身上存在的矛盾还是应该让自己去解决。

初二阶段是学生比较浮躁的时期，很多的问题也会慢慢地冒出来。我个人不喜欢用"谈话"的方式来解决问题，我认为活动可以让一切教育"化为无形"。

活｜动｜设｜计

面对镜头

　　活动开展过程很简单，我找了一间空闲的教室，关了灯拉上窗帘，架了一台摄像机，按照学号，请每个孩子走进黑屋子，面对摄像机"忏悔"。每个同学都可以录制一段"忏悔"的话，可以对同学，对父母，也可以对老师说句"对不起"，我原本以为孩子们会无话可说，结果没有想到的是每个孩子进去半个多小时都没出来。

镜头前孩子们吐露心声

　　录制结束后，我没有及时公开视频，接下来的时间大家都在猜测："会有人给我道歉吗？""我说句对不起，他会原谅我吗？"

　　会说对不起的人，才会对他人同样宽容、豁达。会开玩笑的人也才真的开得起玩笑。整个录像过程都是只有孩子的情况下录的，而且每个孩子经过了深思熟虑，想了一周多的时间，其实有的时候我们可以当面对他（她）说句对不起！是很幸福的事！珍惜这份友谊，珍惜这份缘分！不伤害身边的人，如果不小心，那请多说一句"对不起"，不但不会让你没有面子，而且会更加增进你们的友谊！

　　视频剪好之后，我找了一节班会课把孩子们录制的视频放给大家看，孩子们看得很认真。笑声、掌声不断，当然，我也看到有人在偷偷擦拭眼泪。我知道，这个时候已经不需要我再去说教，孩子们能够明白这句句真情实意背后各自的分量，一段段友谊正在加固，一个个误会正在化解，而我们也在慢慢长大。

　　任何班级活动，不能让孩子们觉得这是一个"套"，是强迫他们要去做的，因此，很多活动我都会和孩子们一起参加，就在道歉日那天，我也给孩子们道了歉。

我道歉：

首先我想给我们班的"个别"孩子道歉。其实我也说不出这些"个别"人是哪些人。站在讲台上，每次看着你们的时候，我总觉得有的孩子被"忽视"了，57个人，人人都有个性，但是因为那些极具个性的同学很大程度上让我的精力都在他们身上去了，搞得我已经精疲力尽，那些觉得我"还不够爱你的"孩子，我说句对不起，你们每个人在我心里都是一样的重要，我愿意陪伴你们每一位度过这有意义的三年！

再次给我的科任老师们道歉。这句对不起代表我自己，更代表全体孩子！请给我们时间和机会，确实我们有太多的不懂事了，我也有做得不好的地方。感谢过去一年那些对我提出批评的同事们，谢谢你们！我经常都说我需要这样"醍醐灌顶"的提醒，我会改正。

还要给家长们说句对不起，57个人，众口难调，感谢你们的包容和谅解，沟通解决问题，我从来不觉得"叶老的窝"这个博客是写给别人看的，这里就是我和我学生、家长一个私人的空间，所以我不在乎别人的眼光，我什么都会写，也真心希望家长们多和我交流，过去一年我做得不到位之处，请你指出来，也请原谅。

这篇稿子是当时特定的环境下写的，或许不完整，却是我当时最真诚的表露。走得越远，需要我道歉的人可能越多，教育是遗憾的，生活亦是！

2014年5月26日第一次过世界道歉日

特色活动十七、母亲节

因为你们，我更爱我的妈妈！

节 | 日 | 由 | 来

　　母亲节，这个节日起源于古希腊；而现代的母亲节起源于美国，是每年5月的第二个星期日。母亲们在这一天通常会收到礼物，康乃馨被视为献给母亲的花，而中国的母亲花是萱草花，又叫忘忧草。

　　20世纪末，随着中国与国际的日益接轨，母亲节这一节日在中国各地日益推广开来，越来越多的人开始接受母亲节这个概念，在每年5月的第二个星期日，中国人和世界其他国家的人们一道以各种各样的方式表达对母亲的感谢。

　　当然，中国人的母亲节更有中国味道。中国人以自己特有的方式表达浓浓的亲情，在母亲节这一天，人们会送给母亲鲜花、蛋糕、亲手烹制的饭菜等礼物。从小就孝敬父母的中国儿童会尝试着为母亲做饭，洗脸，化妆，演奏音乐，绘制图画，让母亲们快乐地过节。人们在这一天除了孝敬自己的生身母亲之外，还会以慈善募捐、志愿服务等方式向更多的母亲回报亲情。

活 | 动 | 背 | 景

有人告诉我：或许真的要到了我们工作、成家立业，甚至是自己当了父母以后，我们才算真的长大。当老师这么多年来，我有颇多的感受，大千世界各行各业都不容易，而天下做父母是最不易，最是值得尊敬的。

我看过太多的妈妈在我面前哭泣，那种"难受"让我觉得就算天塌下来她也不会垮，唯独为了孩子，她会落泪！尤其是面对青春期的孩子，也许是累了，也许是疲了，也许是怕了……

活 | 动 | 创 | 意

母爱是世界上最伟大的爱，然而也是我们得到的最容易的爱，因为很容易，所以往往被我们忽略，或者觉得理所当然。因此每年的妇女节我都会设计感恩妈妈的活动，在母亲节，我更多的会作为一名老师去表达我对家长的这份"爱"。感谢他们对我的理解和支持，这本身也是对孩子一种潜移默化的教育。

活 | 动 | 设 | 计

 环节一：妈妈我爱您

这是一次特别的计划，也是初2016届11班所有孩子第一次面对镜头，表达对妈妈的爱，可能是激动中又不免紧张，学生们在镜头前都没有停留太久，不过我相信妈妈们听到孩子最真挚的问候，也一定很激动。

妈妈们的感想：
孩子真的长大了，即或是只有一丁点的变化，妈妈心里都会充满了喜悦。
感谢叶老对孩子润物细无声的教育，感动孩子对爱的感悟和表达。

感动叶老坚持不懈地利用每一次机会对孩子们进行爱的教育，让他们懂得感恩。这是孩子之幸运、家长之幸福。

作为妈妈和女儿，过母亲节特别有感触。母亲之于孩子，那种缘分叫与生俱来，那种爱念叫永远挂牵，那种付出叫无怨无悔；孩子之于母亲，有一种感觉叫恩重如山，有一种欣慰叫懂得感念。从视频里，看到了孩子真诚的眼睛，听着孩子诚挚朴实的话语，我知道孩子心灵的成长已慢慢来临。

环节二：因为您们，我更爱我的妈妈

教育是一种等待，一种相信，相信岁月，相信孩子，是我们必须去调整心态。2015年母亲节，我给11班的妈妈们写了一封信，原文如下：

因为您们，我更爱我的妈妈！

2015年母亲节小叶写给11班妈妈们的一封信

11班的妈妈们：

　　每年的妇女节、母亲节我都挖空心思地设计各种活动，让孩子们给您们准备一份惊喜。我知道，现在年轻的一代，要对父母说"我爱您"是很难以启齿的，包括我自己在内，或许我给妈妈的拥抱太少，关爱太少。

　　但是正是因为您们，让我在30来岁越发觉得"妈妈"的伟大，也因为您们，让我也更爱我的母亲……

　　无数次的被警告"你要学会把工作和生活分开"，11年，我也在不断调整，最后我发现，我分不开！甚至我偏激地认为："为什么一定要分开呢？"所以这整整的十一年，每一个时段都会有情绪，我会真的生气，真的难过，甚至真的哭泣。相信，这种感受，我们其实都是一样的！

　　11年了，我见过太多的妈妈在我面前落泪，我知道，您们这个年纪，就算天塌下来您都不会哭，唯有面对您的孩子，您才会哭！您会为他高兴，为他难过。

　　其实我们在这么大的时候一样什么都不懂，我们会觉得父母的付出是理所当然，所有人的付出都是天经地义。请原谅孩子！他们不会懂，也许真的只有当他们也当了父母，才会明白那份爱是多么的无私、多么的纠结、多么的痛！

　　感谢您们，让我提前明白了这些，很多时候就算我的心情暴跳如雷，我都绝不会对家长发火。我很明白，当父母的有什么错？当妈妈的，从孩子出生到长大，受那么多罪，有什么错？

　　曾经，有妈妈因为孩子的一句话生气而离家出走，有妈妈因为孩子的成绩始终没有起色在我面前痛哭流涕，有妈妈因为孩子在班上受了委屈对我大声指责……这些都是发生在十一班的故事。

　　对于以上的种种，我都表示充分的理解，因为这是妈妈与生俱来的"力量"。

　　还有妈妈说，叶老我给你反映一下我孩子的事情，说完一定千叮咛万嘱咐"千万不要告诉儿子是我说的"。这也是妈妈，无时无刻不在保护着自己的孩子，那么的谨慎，那么的憋屈，那么的无奈！

　　当您陪孩子一起郊游，但孩子却背对着您和朋友聊得异常开心，或低头看着手机自己玩得忘乎所以，我知道您一定觉得心甘情愿，我们都很无奈，只能默默的、揪心的、小心翼翼的陪伴。

　　辛苦了，妈妈们！

　　为了孩子，您们已经放弃一切，甚至是尊严。

　　慢慢的，我的妈妈也老了，我也自认为自己已经大到不好意思说"我爱您"的年龄了，这个时候我们才发现真的亏欠了妈妈好多。

　　感谢老师这个职业，让我收获的不仅仅是陪伴孩子成长的泪水与欢笑，对我自己而言，对我的家庭而言，我收获更多的是"亲情无价"这四个字。

　　今天是母亲节，是您们的节日，说这些是不是让您们难过了。本不想如此煽情，小叶只想告诉您们，多给孩子们一点时间，他们会明白的！多给小叶一点时间，虽然中考压力越来越大，我还会继续试着去改变点什么……

　　您们的苦与泪、喜与乐我都懂！

小叶

2015年5月10日

环节三：给妈妈一个特别的惊喜

　　不知道妈妈们看到这封信是什么感觉，会不会觉得我太煽情了，不过我说的都是真心话。马上要冲刺初三了，真的是几家欢喜几家乐，不过大家的心情都一样。写这封信只是希望妈妈们更加快乐。

部分妈妈的回信：

王诗淇妈妈：凌晨看到母亲节的来信，有点睡不着觉了。深深地被触动了。

徐子寒妈妈：还未读完几乎就要流泪了！记得那次子寒拍微电影，天暴热，你背着个大包，带着妻子在大太阳下陪伴孩子，看到小叶老师拉着妻子步行去复印店为孩子们印资料！当时我的心就像被戳了一下！生生的疼！我们的孩子遇见了天底下最好的小叶老师！这封信，我会一直保存着！这是我做母亲后收到的最珍贵的礼物！

周子添妈妈：你是那么了解我们妈妈的想法和忧虑，孩子现在正处在青春期，我们每天被他一个人折磨得都处在要发疯的边缘，想想你每天要面对那么多有个性的孩子太不容易了。

蔡梓涵妈妈：字里行间都是自己的影子，叶老不仅懂孩子，亦懂家长。

左元祐妈妈：两点钟吃午饭，小左说了一句：母亲节快乐！小子掏了封信出来给我。读完后真的是泪奔！我们孩子和家长能够遇上叶老，真的是三生有幸！

王云灏妈妈：与往年一样，收到了儿子的信与他的精心选择的礼物。同样是信，内容却不同了，以前写信给妈妈，是委屈寻找理解，去年的信，孩子表达的还只有对妈妈的爱与理解。今年就不同了，不仅有了对妈妈的观察与评判，还有规劝与希望。我越来越清晰地看到孩子走向独立的脚步了。叶老师还没有做父亲，但是对待孩子却有优秀父母的爱与责任。感动于小叶老师的体贴入微与率先垂范，感谢叶老用多彩的活动引领，让孩儿们不知不觉学会了细致，学会了表达少年的感性情怀。

看了家长们的留言，我内心久久不能平静。写这封信不是希望妈妈们哭，不是要触及你们的痛处。而是在半期考试考试以后给妈妈们更多的鼓励。

其实我们都很脆弱，只是在孩子面前表现得很坚强，希望我们的家长们不要觉得自己孤独。我作为班主任老师不是你们的对头，而是和你们一起战斗的人，未来一年我们彼此鼓励，互相支持，一路前行！

2013届18班范瑜妈妈在空间里晒的孩子母亲节礼物（上图）

2016届11班王云灏妈妈在空间里晒的孩子母亲节礼物（下三图）

11班2014年母亲节学生自制视频完整版（视频二维码）

六月
June

　　转眼就到六月了，六月能说的太多，但不能说的也太多。曾几何时，毕业，是个名词，转眼就变成了动词；毕业，是一个令人感伤的形容词，是一个有太多牵挂不舍的副词。还记得毕业典礼上的泪流满面，还记得中考走出考场一瞬间被阳光晃花的眼，也还记得拿到成绩后给叶老打电话发信息的狂喜或伤感。无论身在何处，纵使脚步踏过万水千山，纵使回忆磨灭，时间塌陷，我，我们也始终在这里，共享着一份宝藏，一份三年时光留下的烙印。气质与品格一旦形成，便是终身的财富。感谢18班，感谢有他的存在。感谢很俗气，很平庸，似乎被人们天天挂在嘴上，但还是想说，这三年的珍贵，与叶老的相遇，值得感谢三年，七年，直至一生。

2013届18班学生：周劼妤

珍藏回忆，拥抱青春

节 | 日 | 由 | 来

　　国际儿童节定于每年的6月1日，是为了悼念1942年6月10日的利迪策惨案和全世界所有在战争中死难的儿童，为了反对虐杀和毒害儿童，以及保障儿童权利，1949年11月，国际民主妇女联合会在莫斯科举行理事会议，中国和其他国家的代表愤怒地揭露了帝国主义分子和各国反动派残杀、毒害儿童的罪行。会议决定每年的6月1日为国际儿童节。它是为了保障世界各国儿童的生存权、保健权、受教育权、抚养权，为了改善儿童的生活，为了反对虐杀儿童和毒害儿童而设立的节日。

活 | 动 | 背 | 景

　　进入中学其实有的学校已经不过儿童节了。在成都七中育才学校，初一还是有儿童节的活动——学生节。主要是发挥学生的创意，让学生度过一个属于自己的节日。初二是孩子们过的最后一个儿童节，我们以"告别童年、拥抱青春"为主题，与18岁的成人礼一样，我们需要做得有仪式感。

　　在班级其实有很多可以开展的创意活动，下面我结合两个班级的四个儿童节，谈谈在活动开展中的奇思妙想，只要老师有一个童心，我们的儿童节活动就一定会让学生终身难忘，我们自己也收获一份快乐。

活｜动｜创｜意

依然围绕"爱要大声说出来"这个大的主题，不管是初一还是初二，爱老师、爱父母、爱自己，其实都可以在这个节日中找到很好的活动载体。比如我设计的2014年儿童节系列活动，其实之前根本没有任何的预设，但是只要我们能抓住教育的契机，就会有不一样的体现。

"假如回到童年……"这个活动不仅拉近了学生与家长的距离，更重要的是唤起了父母的一颗童心，在活动中还能对家长起到一定的教育意义。这样的活动就需要在这样特殊的节日里，特殊的环境中开展才有价值，机会可遇不可得。

活｜动｜设｜计

初一年级：珍藏童年，舞动青春

孩子进入初中，不能说因为他们长大了，就不过儿童节了，毕竟这是他们小学最重要的节日，中学阶段开展适当的活动，对于凝聚班级、缓和学生的学习压力、用积极的心态迎接青春期都有很好的作用。

我们可以开展文艺活动，老师与学生一起参与其中，共度欢乐童年，同时开展新团员入团仪式，通过新的仪式告别童年，迈向青春。此外还可开展小型趣味运动会，拉近情感，凝聚班级力量。

在我看来，小型趣味运动会中的拔河是一个非常有意思的活动。就一根绳子，但是却连着所有人的心，那一刻我们所有人的力量都作用在这一条直线上，什么是"团队"，不是我们强加给学生的，是在这一声声呐喊、一句句加油中逐渐形成的。

孩子们高举右手宣誓　　　　　　　各班制作的学生节海报

2014年儿童节幸福11班特别策划

策划一：全民畅想"假如回到童年"

2014年4月的一天，我正在家里备课，突然中央电视台播放了一段广告：

童年，是彩色蜡笔画出的云淡风轻；童年，是椰林斜阳映衬的四季花开；童年，是永不散场的游乐园；童年是转眼就长大的一寸光阴一寸金；你是否曾经梦想再做一次孩子，这个六一让我们集体畅想，假如回到童年……

我马上把这段话发到了家长的QQ群里，马上得到了热烈的反馈，我们班的科任老师也积极参与进来，来看看大家写的"假如回到童年……"

班主任叶老：假如回到童年，我最希望那会儿我就会写博客了，已经有了"叶老的窝"（或许那会不叫叶老，那就叫"元子的窝"吧！）。这么多年，很多故事遗忘了，很多人淡忘了，真的太可惜，如果那会儿我就开始记录，每天记录，现在慢慢翻看是多么的快乐呀！过去的就再也回不来了，很多已经被我遗忘的同学、老师、朋友，不知道你们多久才会再次回到我的生命里。

语文石老：假如我回到童年，我要让孙悟空给卖火柴的小女孩变去火炉和烤鸡，让葫芦娃去帮帮七个小矮人；假如我回到童年，我定要去抓更多的萤火虫、逮更多的蜻蜓，把更多的蛐蛐关在一起，把那丑陋的癞蛤蟆扔得更远。

唐飞戈妈妈：假如回到童年，我要拿根竹竿绕上蜘蛛网到田野中粘蜻蜓。我还想再来一次我的无忧无虑、奔跑、快乐的童年，一大群小伙伴嘻哈打闹，没有做不完的作业、上不完的补习，没有少年老成，周末就是周末，假期就是假期，精神的富有、满足！大自然就是乐园。

贾了佳妈妈：假如回到童年，我要到七育11班当叶老的学生。

王程谦妈妈：假如回到童年，我会学一手好钢琴，在蓝天白云的大草原上开一场演奏会；假如回到童年，我愿意在更多的时间里和父亲在一起，因为他现在已经离开我们了。

景一航爸爸：假如回到童年，我想和伙伴们再疯耍，打弹子，打弹弓，游泳，粘蝉子，拍洋画，玩黄泥巴，偷桑果……假如回到童年，我会珍惜和外婆在一起的每一天。从小父母在外地，外婆把我带大，但1992年外婆就走了，那时我还在读大二。孙欲孝而祖不在。假如回到童年，我会让妈妈也吃一口逛青羊宫花会时买的卤鹅，而不是看着我把它吃完，告诉我她不想吃。

白宸妈妈：假如回到童年，我还会约着我儿时的伙伴一起拿着竹签在墙缝中掏蜜蜂，等到麦子成熟时嚼口香糖，等到墙外农民田里的瓜果成熟时，去悄悄摘来吃，跟着哥哥们到河塘抓泥鳅。

张北斗妈妈：我还是会带弟弟抓鱼捞虾、捉蛐蛐、挖花生、烤玉米，还是会跟爸妈到河里游泳，到江边尝小吃，看南来北往江湖艺人表演戏曲、魔术、杂技、马戏，还是会和老师、同学一起在教室里快乐学习，到野外爬山、野炊，在校园里那棵大槐树下唱歌、跳舞、下棋、打球、讲故事、做游戏。

黄靖婷妈妈：假如回到童年，我还是做那个无忧无虑的小女孩，在父亲的陪伴下到一望无垠的冰田里疯划着父亲做的简易冰车，和小伙伴们摘冰柱、堆雪人、打雪仗；夏天又在蓝天白云下扑入清澈的激流，和小伙伴们冲滩、打水仗。假如回到童年，我一定坚持记日记，记下父亲的陪伴和叮嘱，留下更多美好而又温馨的记忆。

陈靓妈妈：假如回到童年，我还是要每年一放暑假就回到农村老家，爬树摘梨，和小伙伴们顶着烈日到山坡找地瓜。假如回到童年，我还是要做我们

楼里的孩子王，每天晚上吃完晚饭，写完作业就带领着小伙伴们去隔壁学校躲猫猫。假如回到童年，我一定珍惜那时的一切，让现在的自己没有遗憾。我要大声地告诉所有亲：童年真的很美好！

策划二：全民猜想——爸爸妈妈的七彩梦

我把收集到家长的"童年七彩梦"隐去名字印出来发给孩子们，利用中午吃饭的时候，全班一起猜想，到底哪个是自己爸爸妈妈的童年梦呢？孩子们有的急得抓耳挠腮，有的胸有成竹，有的看得来前仰后合，是呀！这一个个已经"回不到童年"的爸爸妈妈们，他们的期盼是不是正想告诉我们，我们应该珍惜现在的每一天呢？

猜猜父母的童年，活动虽然只有短短的半个小时，但是对每个孩子是一种心灵的触动，我们处在最快乐的年代，珍惜一切，珍惜拥有！当我们变成妈妈爸爸的时候，不再有遗憾！当天下午我在班级博客上公布孩子们的猜想：

"假如回到童年"学生猜想结果

家长畅想	学生猜测 （都是自己猜测自己的家长）	家长畅想	学生猜测 （都是自己猜测自己的家长）
唐飞戈妈妈	唐一鸣爸爸	伍海韵爸爸	王沐可妈妈
贾了佳妈妈	贾了佳妈妈	杨紫琪妈妈	王诗琪妈妈，杨紫琪妈妈，牛睿杰妈妈，曾梓健爸爸，张梓晗妈妈
王诗琪妈妈	曾梓健妈妈		
蔡梓涵妈妈	徐子寒爸爸，蔡梓涵妈妈，黄婧婷妈妈	徐子寒爸爸	
牛睿杰妈妈		尹沐文妈妈	
左尤裕妈妈	李心童妈妈	魏来泓伊爸爸	
孙涵琦妈妈	孙涵琦妈妈	冯乐妍妈妈	冯乐妍妈妈，尹沐文妈妈，景一航爸爸，白昊妈妈
向索祎妈妈	徐子寒爸爸	安先昊妈妈	
王程谦妈妈	程澹斯爸爸	杨紫琪爸爸	尹沐文妈妈
王沐可爸爸	陈浩健妈妈，尹沐文爸爸	孟展达爸爸	孟展达爸爸
杨涵妈妈		孙一啸妈妈	孙一啸妈妈，潘奕西妈妈
杨涵奶奶	杨涵妈妈	唐馨竹妈妈	白昊妈妈
刘紫杨爸爸	刘紫杨爸爸	陈泽邦妈妈	戴宇轩爸爸

家长畅想	学生猜测 （都是自己猜测自己的家长）	家长畅想	学生猜测 （都是自己猜测自己的家长）
景一航爸爸	樊党海妈妈，景一航妈妈	樊党海爸爸	
钱嘉杰妈妈	陈泽邦妈妈，王沐可妈妈，程滟斯妈妈，潘奕西妈妈	贡婧婷妈妈	陈靓妈妈
白震妈妈		陈靓妈妈	
朱思怡妈妈	朱思怡妈妈	蔡梓涵爸爸	刘紫杨爸爸
王程谦妈妈		陈梓晗妈妈	
周子添爸爸	周子添爸爸，徐子寒妈妈	王沐可妈妈	王沐可妈妈
都浩然妈妈	都浩然妈妈，程滟斯妈妈，钟琳妈妈	李爽妈妈	李爽妈妈
白昊妈妈	唐一鸣爸爸，钱嘉杰妈妈，陈昭妈妈，张北斗妈妈，何索霖妈妈	朱思怡爸爸	朱思怡爸爸，陈泽邦妈妈，张一智爸爸，张北斗妈妈，唐馨竹爸爸
何家霖妈妈	钟琳妈妈	戴语轩的爸爸	
曾梓健妈妈	蔡梓涵爸爸，王彬宇妈妈	贾了佳妈妈	

与此同时，全班家长收到了我一条短信：11班的爸爸妈妈们，2014年儿童节特色活动"猜猜父母的童年"，孩子们的猜想结果我已经公布在了班级博客上，请你去看看您的孩子猜对了吗？如果猜对了，恭喜您们很有默契，如果没有猜对，请您好好看看孩子猜的那个童年，或许才是他最想要的童年。问问自己，过去12年给他了吗？未来我愿意和你一起继续为他做点什么。祝福所有的大毛毛虫们节日快乐！

策划三：全民狂欢——儿童节怎能没有礼物

这个活动是孩子们自己设计的。儿童节前夕有孩子来找我，说可以在儿童节给老师们送点特色小礼物，我就笑了，我告诉他老师们又不是小孩子了，他们不过儿童节。一个孩子提醒我，他们不过了，他们的孩子呢？应该要过呀！这句话让我很意外，对呀，我们班的科任老师有小孩吗？男孩女孩？我都不知道，看来平时我对老师们的关心还不够，还没有孩子们心细了！我微微一笑，看来我们"爱要大声说出来"的教育有效果。

于是孩子们自己分工，他们决定成立几个侦探小组，在不被老师发现的情况下搜集科任老师小孩的情报：有小孩吗？男孩还是女孩？喜欢什么小礼物？

其实孩子们有这份心，让我很欣慰。礼物是次要的，重要的是孩子们慢慢懂得去感谢身边的人，这太重要了！

虽然孩子们长大了，但是我知道他们也渴望有礼物的，我提前一个月就在为孩子们准备了！在网上订购的专属我们班的毛毛虫钥匙扣，后面还专门印了"幸福11班2014年儿童节纪念"，希望孩子们记住在育才、在11班的每一天。

毛毛虫钥匙扣

男孩喜欢的电动车

我为孩子们准备的专属毛毛虫钥匙扣

策划四：全民沉思"长大了，我会走进那扇门吗？"

儿童节当天学校专门给了2个小时各班自己开展活动，因为考虑到班级活动已经很多了，我准备给孩子们放一部电影《楚门的世界》。这部电影十五年前我的班主任左老师放给我看的，至今记忆犹新，没有想到十五年后可以和我的学生再看一次，中途我还给高中班主任左老师发了一个短信问候。其实电影育人是现在非常流行的一种形式，好的电影能够给人思考，很多班主任都会给学生推荐好的电影。

《楚门的世界》剧情介绍：30年前奥姆尼康电视制作公司收养了一名婴儿，他们刻意培养他使其成为全球最受欢迎的纪实性肥皂剧《楚门的世界》中的主人公，公司为此取得了巨大的成功。然而这一切却只有一人全然不知，他就是该剧的唯一主角——楚门。楚门从小到大一直生活在一座叫桃源岛的小城（实际上是一座巨大的摄影棚），他是这座小城里的一家保险公司的经纪人，楚门看上去似乎过着与常人完全相同的生活，但他却不知道生活中的每一秒钟都有上千部摄像机在对着他，每时每刻全世界都在注视着他，更不知道身边包括妻子和朋友在内的所有人都是《楚门的世界》的演员。虽然感觉到每个人似乎都很注意他，而且从小到大所做的每一件事却都有着一些意想不到的戏剧性的效果，但这些都没有使这位天性淳朴的小伙子太过于在意。可节目的制作组由于一时的疏忽，竟让在楚门小时候因他而"死"的"父亲"再次露面，"父亲"立即被工作人员带走，直到楚门悲痛万分开始怀疑后他们编织了一个完美的谎言让他们"父子"相见，从而达到他们满意的效果。多年前一位既是《楚门的世界》的忠实观众又是该节目群众演员的年轻姑娘施维亚十分同情楚门，楚门对她一见钟情。她给了楚门一些善意的暗示，自己却被强行带离片场。回忆起施维亚的楚门开始重新认识自己的生活。渐渐地楚门发现他工作的公司每一个人都在他出现后才开始真正的工作，他家附近的路上每天都有相同的人和车在反复来往，更让他不敢相信的是，自称是医生并每天都去医院工作的妻子竟不是医生。楚门开始怀疑他所生活的这个世界，包括他妻子、朋友、父亲等所有的人都在骗他，一种发自内心的恐惧油然而生。痛定思痛，他决定不惜一切代价逃出海景这个令他

噤若寒蝉的小城，去寻找属于自己真正的生活和真正爱他的人。然而，楚门却低估了集这个肥皂剧的制作人、导演和监制大权于一身的克里斯托弗的力量。克里斯托弗将一切都设计得近乎完美，近30年里牢牢地把楚门控制在海景的超现实世界之中。几次逃脱都失败后，楚门决定从海上离开这座小城，然而他却绝望地发现他面前的大海和天空竟然也是这个巨大摄影棚的一部分，这时克里斯托弗在天上巨大的控制室里向楚门讲述了事情的来龙去脉，并告诉楚门他如今已经是世界上最受欢迎的明星，他今天所取得的一切是常人无法想象的，如果他愿留在海景就可继续明星生活，楚门不为所动，毅然走向远方的自由之路。

当"楚门"站在出口的时候，我突然按了暂停，问孩子们：如果你是楚门，面对一个未知的世界，你会选择就待在这里过着无忧无虑的生活，还是走向未知，孩子们在不知道结局的情况下写下了这段话：

> 我会出去，因为既然这个世界都是虚伪的，我要自己探索外面的世界！那是属于自己的，这才是快乐的！
>
> ——王程谦

> 出去，外面的世界虽没有这个世界那么友善，或许它充满了欺骗，或许它只有痛苦，但外面的那个世界才是真实的。那个真实的世界，不论发生什么，那样才可以真正的活着。
>
> ——周昕彤

> 我想所有人都不想禁锢于此，满足于此，所以为什么人类探索太空，那是生活的价值与意义所在，就像我们的童年，每个人都享受（在童年），但我们如果永远待在童年，生活还有什么意义呢？离开童年，我们也许会像楚门一样进入一个陌生的环境，但是如果你不去，怎么会有全新的生活呢？人向往自由，向往陌生的世界，像我一样！
>
> ——牛睿杰

出去，就算有再多的欺诈，再多的背叛，就算外面的世界很危险，可那是真实的！桃源岛，它再美好再友善，终是虚假的，我要到一个属于每一个人的真实世界！那是我老了后一笔宝贵的财富。

——黄靖婷

策划五：分享快乐"今年我们陪你们一起过节"

四月份的一天，一位家长给我讲了一个故事，在四川凉山州库依乡中心小学里有个孤儿班，班上50个孩子多半是孤儿，他们生活非常贫困，生活和学习环境极其恶劣。这里的孩子跟我们城市里长大的孩子所处的生活环境完全就是两个世界。

四川大凉山，一个贫瘠，被外界遗忘的世界。他们住在破烂不堪的房屋里，孩子成串，穿戴脏烂不堪，女孩13岁就出嫁，20几岁已经是4~5个孩子的母亲。大多孩子4岁就开始为家里做家务，下地干活，放牛喂猪。更有很多孤儿无着落。学校虽然如此破烂不堪，但是它依然是孩子们走出大山脱离这种贫困环境的唯一途径！有些孩子每天上学要徒步翻山越岭，最远的要花5个小时的时间才能走到学校！而我们城市里的孩子上学很多都是家长每天开车接送，即便是家里没有车的也可以坐公交车或者地铁等，差距如此之大，真是令我们十分感慨！多么无辜可怜的眼神，孩子这样的眼神你会觉得心酸吗？你会情不自禁地流泪吗？我想会的！我相信任何一个心中充满爱的善良的人看到这样满眼充满了无助的孩子，他都会心疼至极的，也一定会伸出援助之手来帮帮这些可怜的孩子！

在得知这个消息以后，我专门召开了主题班会，同学们知道了情况后都愿意伸出双手帮助那些小朋友，去做些力所能及的事。几经周折，我们联系到了那里的一个班，于是，一场快乐的儿童节公益项目慢慢地在11班开展了起来。

我们拿到了那个班孩子自己写的心愿！看到孩子写的儿童节愿望，我们内心五味陈杂，有的孩子连字都不会写，有的孩子用图画表示，看得越多就越是心疼，尽管不能完全读懂他们的意思，但我们都尽可能地为他们准备爱心礼物。11班的孩子们、家长们太热情了，这是一个团结有爱的班级，我为在这个班级感到骄傲和自豪！后来学校周校长和英语皇老师都加入这个活动中。

四川省凉山昭觉县库依乡中心校三年级一班七中育才11班"大凉山爱心捐助之行"（部分）

序号	姓名	性别	年龄	愿望	爱心愿望认领单位，家庭及联系方式
1	皮特雷衣	女	13岁	想要新衣服，想要娃娃（130cm）	七中育才学生陈昭
2	皮特伍里	女	11岁	考大学，给妈妈买一件漂亮的衣服（书、文具）	七中育才学生向索祎
8	阿西日都	男	10岁	以前我没有好好学习，以后一定努力学习，考大学	七中育才学生周子添
9	敌敌伍几	女	11岁	我爱娃娃	七中育才学生周欣彤
10	皮特伍几	女	12岁	我想要新衣服（145cm）	七中育才学生朱思怡
11	的的克的	男		我喜欢篮球	七中育才学生陈泽邦
12	阿地体者	男	10岁	我想要一个乒乓球	七中育才学生陈靓
13	南征木甲	男		我想要读书，我想要读大学（书、文具）	七中育才学生唐飞戈
14	阿西洛史	男		我想要羽毛球	七中育才学生贺星晧
15	阿的妹妹	女	9岁	我爱娃娃	七中育才学生潘奕西

　　一个晚上，不到3个小时，所有心愿被同学认领一抢而空，我们的爱远远超过了他们的渴望。这个活动不像我们平时开展的慈善活动，这一次，我们知道对方的名字、性别、年龄、儿童节愿望是什么，孩子告诉我，只要是男生我们不管他要不要，我们都可以送上一个篮球，女孩都可以送上一个洋娃娃。还有孩子说，他想要一套四大名著，我还给他准备了四张精美的书签……听到这些，我很感动，这才是真的爱，真的用心，这才是活动真正的意义。

　　6月2日我收到了他们的回执照片，我一张张给孩子们展示，看到最后，孩子们都由激动兴奋变得默不作声，我看出了问题，我问孩子们为什么这些弟弟妹妹拿到礼物都不笑呢？十分钟后，我看到了孩子们写的字条："生活的艰辛已经让他们疲惫得笑不来了"！

　　这样的体验不是简单的捐赠可以达到的，孩子们此刻内心五味杂陈，可能生活的艰辛已经让他们忘记了"笑"的滋味，但是我相信他们一定心里美滋滋的！助人之乐就像一颗善的种子，会慢慢地成长。

程滟斯

樊竞海

冯小龙

这个
儿童节

郝浩然

李夷

钱嘉杰

孙涵琦

孙一啸

冯乐妍

我们陪你们一起过

初二年级：告别童年，拥抱青春

策划一：写给最后的儿童节

初二年级是孩子们最后一个儿童节了，不管这个儿童节对孩子们意味着什么，在父母眼中，他们永远都是孩子！我组织孩子们（初2013届18班）写下这一天的真实感受！有什么写什么，送给自己的童年！我也利用了整整一节课，一个字一个字给孩子们打了出来，希望留下他们最真实的童年最后一天！看得出来孩子们既有一丝对青春的期待与兴奋，同时也有不舍。不管怎么说，人是要长大的，但是并不意味着长大了就一定更多烦恼。

我一直认为特殊的日子应该有特殊的"符号"，所以我会给孩子们准备一些值得纪念的小礼物。这是孩子们最后一个儿童节。我为18班精心制作了一套书签，书签一套9张，一共18张照片，代表我们18班，这是一套我们自己的书签。

罗伟嘉：有一种老了的感觉！乡音未改鬓毛衰！

游传捷：给我一个机会，让我创造奇迹！

雷平：兴奋高兴就要踏上青年的路上了，告别童年，我长大了！

柳魏波：烦恼多了，失去了玩乐的自由，担忧的多了，整个人变得平静了，长大了，要学会承担责任了！

郭嘉寅：一下子儿童时代就没影了，"青少年"这个词就与责任一起压在肩上了！

管盈袖：只要有一颗童心，80岁也可以过儿童节嘛。

策划二：别开生面的离队仪式

我精心准备一份特殊的礼物，这段特别的视频，有每个学生第一次戴红领巾的照片、学生小学老师送上的祝福、小学老师对他们加入少先队员的见证、学生们取下红领巾瞬间、各科老师的青春话语。视频播放过程中，惊喜声、尖叫声不断，笑声、掌声不时响起，看到最后，我看到了孩子们都在偷偷地拭泪。

视频播放完，就是退队仪式，当年孩子们加入少先队员的时候是何等骄傲、自豪，这个陪伴了自己8年的红领巾就是一段宝贵经历，如果我们随随便便就摘下来，因为不想戴便随手一扔，我认为这是我们教育的失败。人一生中每一个重要的时刻都值得我们永远铭记与珍藏，就看我们用什么样的心去对待。取下红领巾是对自己过去8年的告别，也是对成长的洗礼。

在这个特殊的日子里，我号召全体老师、家长为孩子们点赞，为孩子们"壮行"。因为陪伴的教育无时无刻不在进行，家长作为孩子第一任老师，也是任期最长的老师，什么时候都应该以身作则，身先士卒。

孩子们现场的感想：

王云灏：红领巾承载着我8年的酸甜苦辣，我8年的金色童年。

蔡梓涵：取下红领巾的那一刻，我不得不承认，我长大了，曾经淘气、任性的我们，也变成了青年。

戴语轩：感谢你们在我最真的童年不离不弃一直陪伴，感谢你们！

尹沫文：不知何时，胸前已经习惯了一抹迎风飘扬的红，而时光匆匆流去，不知不觉今天就要将它取下，从今天开始，就步入青年了吧！我不知明天的生活，作为青年的生活将会是怎么样，也不知肩负在我身上的责任将会如何，只怕，再也没有办法像儿时那样天真无邪了！最后一个儿童节，将要告别童年，但我希望我还是能保留儿时的一份回忆、一份纯真。

红领巾对折再对折，永远珍藏

最后一次唱少年先锋队队歌

最后一次佩戴红领巾

这就是儿童节应该有的笑容!

小手拉大手

活 | 动 | 背 | 景

当母亲含辛茹苦地照顾我们时，父亲也在努力地扮演着上苍所赋予他的负重角色。然而往往我们记住了"妇女节""母亲节"，却忽视了父亲节。当我们努力思考着该为父亲买什么样的礼物过父亲节之时，不妨反省一下我们是否爱我们的父亲？是否像他一样曾为我们无私地付出一生呢？

那么，我们又该如何去表达对父亲的情感呢？

活 | 动 | 创 | 意

父亲性别角色的原因，他们往往对爱的表达较为含蓄，所以我们对父亲的爱也没有对母亲那么直接。因此，我设计的父亲节活动都比较直接，因为爱就要大声说出来。

首先，"老爸是……"是表达心中的直观感受，相信这是父亲们很想知道的答案，借此时机，我们可以让孩子们尽情地表达我们的爱！

其次，"小手拉大手"则能让我们重温儿时与父亲一起结伴的场景，其实当十指相碰的那一刻，一定会有一阵暖流在彼此心中划过，细心的孩子还会发现——爸爸老了！

活|动|设|计

 环节一：老爸是……

父亲在我们心中到底是什么样的？

父亲是一座山、是一条河、是一盏灯，或许是或许都不是，这些都是别人心目中的父亲，真实的父亲角色会因为他所负有的社会职能、家庭角色而映衬在孩子心目中。活动开始前，我率先让孩子们去观察思考，我们的爸爸到底在我们心中是什么？

下面是2016届11班孩子们写的"心中的父亲"（部分）：

> 父爱如泰山，是因为父爱是伟大的，甘愿为子女奉献一切，甚至在危机关头敢于牺牲自己。父爱如鸿毛，是因为父爱不易被发现，父爱不善于表达自己的感情，也许就是一句暖心的话、一句牵挂的问候，父爱是一个不经意的瞬间。
>
> ——钱嘉杰

> 老爸是一棵树，在我燥热烦闷时，带给我一点阴凉！老爸是一片海，当我犯错时，能心怀宽广，屡次原谅！老爸是一个警钟，当我盲目自大时，能敲醒我，唤我继续努力。当然老爸是一个刻度尺，当我超过某个刻度的时候，他会帮我改正错误。
>
> ——陈泽邦

> 老爸是一双翅膀，从小时就带着我飞翔；老爸是一面墙，无时无刻都是我坚实的后盾；老爸也是一个人，是那个我受伤时，拐角处给我拥抱的人！
>
> ——王彬宇

老爸是巨星！在我眼里，老爸是一个巨星，是我的偶像，我佩服他的一切：幽默、正直、大气！我也很想和他一样优秀！

——陈靓

老爸是一部手机，他发光，他发热，他耗电，他耗能，他对无意的伤害表示沉默，他为所想的事情拼命加载，他的所做作为都是为了我。

——曹俊珑

老爸是一块巨石，因为他如巨石一般，撑起整个家庭，也如巨石般沉稳、坚持，巨石可以阻挡风沙，他就帮我阻挡了许多困难，并完美解决。

——唐飞戈

老爸是一面帆，推动着我这艘小船越走越远，去探索知识的海洋。

——白昊

老爸是一个永动机，他可以一直翻滚，永不停歇，他每天为了多赚些钱，给我更好的待遇，可以加班到很晚才回来，他不辞辛劳，努力工作，他就是一个名符其实的真人永动机，他为了我而转动，他为了这个家庭而转动。

——向索祎

在我的心中，老爸是一个高大威武、乐观、勇于克服困难的人。即使爸爸遇到了困难和麻烦，也会依旧乐观地面对，不去抱怨，仍然带给全家欢乐！

——贺星皓

老爸是最坚毅的战士，即使手臂骨折也不喊一声"痛"！老爸是最哥们儿的兄弟，义气时刻相伴。

——周子添

老爸是个大猩猩，老爸的臂力确实惊人！我可能这辈子都在比手劲上比不过他了，老爸很聪明，有许多学位与研究成果。

——王沐可

老爸是一张白纸，因为他为我隐去污点，为我弥补曾经的不足，教导我更好的成长；为我铺垫更纯洁的书写纸张，为我开辟美好的未来！

——唐馨竹

老爸是一个"老小孩"，在家里是一个"喜剧演员"。

——杨紫琪

老爸是"奇葩"。老爸既像我的朋友又像一个永远长大不的孩子。因为老爸和我有许多共同爱好，从小到大，他总是觉得心态第一，成绩第二，做任何事，哪怕是玩，只要认真就行！我喜欢跟老爸一起玩，前提是，他得听我的！

——贾了佳

老爸是我的修理工，可以在我的东西坏了的时候第一时间给我修好；老爸是我的钱包，在我需要用钱的时候给我钱；老爸是我的司机，有时会送我去各个地方上补习班；老爸是我的厨师，会做出各式各样的美味佳肴满足我的味蕾。

——潘奕西

老爸是熊猫，因为他胖，爱吃，爱睡，尽管很逗，但我爱他！

——程滟斯

老爸的脾气和我一样，毫不掩饰的急性子。

——伍海韵

不知道爸爸们看到这些描述是什么样的心情。其实不管爸爸在我们心目中是什么，"爱"都是永恒主题，这为数不多的机会，我们可以借机表达对父亲的爱意，同时，也达到了我们教育的基本目标，身而为人，仁恒爱人。

 环节二：小手拉大手

这个活动的表现手法相比第一个而言更直接，小手拉大手其实就是拉手拍照！周末放学的时候，我让孩子和爸爸拍照，有的同学一开始还觉得不好意思，也有同学认为我又在玩新花样。我问他们：你们是不是已经很久没有和爸爸单独拍合影了。诸多同学倏地一下点头应和，霎时间，我看了这个活动所具有的挑战性与教育价值。

一位妈妈告诉我，没有这个小手拉大手的活动，还不曾留意到父子之间这层微妙的变化，孩子真的已经好多年没和爸爸拍过照片了，拉手拍照更是多年前的事情。

写到这里，我想起了动画片《大头儿子小头爸爸》里的一句歌词："大手牵小手，走路不怕滑，走呀走呀走走走走，转眼儿子就长大"。我们的成长就是父亲的老去，我们长得越是强壮，父亲就越是苍老，小手拉大手，不仅是我们中华传统文化孝的教育，还是我们学生责任意识的培养，我们的生命和文化的血脉就是这样代代沿袭、生生不息。

蔡梓涵与父亲（左上图）

王程谦与父亲（左下图）

左元祐与父亲（右上图）

戴语轩与父亲（右下图）

守 望

活|动|背|景

猛然省悟：又是一年毕业季，又一批"志存高远，追求卓越"的育才学子"圆梦育才，勇敢起飞"。

毕业，是一个沉重的动词；毕业，是一个让人一生难忘的名词；毕业，是感动时流泪的形容词；毕业，是当我们以后孤寂时候，带着微笑和遗憾去回想时的副词；毕业，是我们夜半梦醒，触碰不到而无限感伤的虚词。

今天，我们毕业了。

成长路上你可能会遇见很多人，有人嫌弃你的体重，有人介意你的容貌，有人害怕你的无理取闹，有人嫉妒你太优秀。但永远也有那么一群人值得我们去铭记，那么一些事永远不能忘怀！

活|动|创|意

三寸讲台三寸舌三寸笔，三千桃李；
十年树木十载风十载雨，十万栋梁。

我们静静地走过教学楼，走过文化长廊，走过学术厅，走过操场，走过校园的每一个角落。我们的青春在这里绽放。这里有老师谆谆教诲、殷殷期盼。放心去飞，勇敢去闯。成败不问，莫将昔日遗忘。他朝欢聚，再将彼此足迹细细欣赏。再忆那水井飘香，府南水长。

此刻，我们需要一个值得彼此铭记的毕业典礼，来告别身后的三年，走向明天。

活|动|设|计

环节一：《守望》

初2013届18班是我在七中育才的第一个毕业班级，这也是我人生中的第一个毕业典礼。

典礼上颁发了一个特别奖项，我们18班有一个很特别的集体——家委会。8位热心为班级服务的爸爸妈妈自愿组成一个集体，他们积极主动参与学校活动，协助我做好18班管理，先后参与策划举办了中秋亲子联谊活动、户外亲子拓展训练，庆祝"三八妇女节"主题班会，教师节、母亲节特别献礼等活动，不仅成为我的坚强后盾，也为18班成为一个团结、奋进、阳光、向上的

我们的校长盛装参加毕业晚会

这是我专门为孩子们设计的特殊毕业证书，设计灵感是一张火车票，孩子们乘坐YC201318列车，正从育才驶向未来幸福的人生！上面有每个孩子的学号、照片、我们班的班级符号、老师的祝语，最下面的64，象征着我们64个人永远也不分开！

成都七中育才学校
初2013级18班毕业典礼

左登浩、姜鸿坤、孔康懿、简婕、曾子文5位班长代表18班全体同学为大家献上《毕业词》

班集体做出了积极贡献，他们也因此荣获成都市锦江区"关心支持青少年学生成长与发展先进家委会"光荣称号。

在他们的影响下，18班越来越多的家长加入为班级服务的行列。这个奖项不仅是颁给家委会的8位成员，更是对所有18班家长的肯定。这台毕业典礼可以顺利进行，就倾注了18班全体家长的心血！爱自己的孩子是理所当然的，但是同样爱着别人的孩子，这样的爱就是"伟大"。

毕 业 词

创作：陈正阳爸爸

三年前的九月，我们相会，
——在幸福快车上，
K201318
——狂爱你一生一辈，
那时我们就约定：
共同驶向成功，一起奔向阳光！

在这里，
我们相伴快乐幸福，
我们挥洒青春梦想，
我们展望成功卓越，
我们书写绚丽辉煌！

这是我们幸福的家园，
这是我们成功的母港，
这里是我们情感的寄托，
这里是我们心灵的天堂。

这里有父辈的寄托，
这里有师长的期望，
这里有同侪的提携，
这里有后来者的榜样。

卓尔不群，
大器天下，

这是我们的永恒誓言，
它将永远在我们的心里激荡

团结奋进齐努力，
不蒸馒头争口气，
这是我们前进的豪言，
它是我们永远的方向，
它是多么气势磅礴，
它是多么激越嘹亮！

今夜，我们在这里欢聚，
今夜，我们在这里疯狂，
我们将向您说：
——老师，您辛苦了！
我们将向您说：
——爸爸妈妈，谢谢给我支持与力量
我们将和你约定：
——同学，共同前行，永不相忘！

听，前进的号角已经吹响，
新的征程，
我们豪迈铿锵，
带着快车的幸福，
带着师长的期望，
带着同学的祝福，
我们奔向前方！
我们将成为时代的楷模！
我们将成为永远的榜样！

在《奋斗》的音乐声中，5位班长合着节拍牵手挥舞，全体同学起立一起合着节拍舞动双手，台上台下一起呼应，营造出一个激情奔放的氛围。在这个离别伤感的季节，学生与家长们相互赠送礼物，祝福对方。

典礼最后呈现的是一部微电影《守望》，这是我为今天这个毕业典礼特别制作的，浓缩了18班3年学习生活的点点滴滴，在丰富生动的画面和饱含真情的声音里，恍若昨日重现，让我们找到了记忆中那些珍藏已久的片段，也记录着属于我们七中育才初2013级18班那些美好绚烂的时光。

电影《守望》，这其实是我半年前对孩子们的承诺，初三下学期我就给你们说，我们要拍一部18班的微电影。剧本我用了三个晚上，一个人在灯光下静静构思，最后那段给你们的留言，拍了三次，哭了三次！电影出来以后，看了三次，哭了三次！

毕业晚会当天再看，依然哭！而且哭得最伤心！我突然听到后面传来一阵阵的抽泣，但是我不敢转头去看，我怕我控制不了自己！18班的孩子们，以后我们想对方了，就看看这部电影，这部只属于我和你们的电影！

校长为8位家长们颁发证书

微电影《守望》剧本

原创：叶德元

有一天，一位长辈对我说：元子，你应该去最好的学校，去和那些顶级的孩子一起，去享受冲刺、享受拼搏、享受那种酣畅淋漓！

冲着这份"享受"，那年，也是一个夏天，我带着一份憧憬和不安走进了那条弥漫着酒香的小巷。

一晃就三年了，人一辈子最赶不上的就是时间，走的太匆忙，让你措手不及。

2013年6月13日、14日，我穿着一身红，在教学楼外站了两天，一直抬头寻觅着那一个个熟悉的身影，大口大口地品味着空气中的每一丝味道。突然感觉心酸酸的！

这是怎么了，我明白，那一刻，我的"享受"结束了！所有的一切变成了一种"守望"，默默地，淡淡地，心有灵犀地——守望。

人生就是这样有趣，你不得不相信，这一切都是缘分，缘分让我和你们有了这三年的故事。18班的故事。

人一辈子有多少个三年，又有多少个三年是如此的刻骨铭心，我们做到了。还记得第一次走进三楼的那间教室，第一次看到我的时候，你想了些什么吗？你们在猜想着我，我一样在期待着你们，每进来一个，我都感到心微微一颤，是什么伟大的力量从那年成千上万的初一新生中挑出你们六十几个，是什么伟大的力量把你们送到了我的身边。

当有一天我发现你们都长高了，我都要昂着头和你们说话的时候，我知道是到了你们要离开我的时候了。这是一种情怀，期待中带有一丝凉意，但凉意中又透着另一种无限的期待。多少个清晨，多少个黄昏，我们伴着"卓尔不群，大器天下"八个烫金的大字走在人生中一段不平凡的路上。那刻着育才光辉历史的铁板路，是否被你的脚尖轻轻触碰，留下了淡淡的痕迹。那绿的耀眼的小道，弥漫着浓浓的书香，还有暖暖的"爱"。我骄傲，我是育才人！我骄傲，我是18班的人！我骄傲，因为你们所有的人。

育才人是从来不服输的，这三年，我们18班没有给育才丢脸，我们虽然不是最优秀的，但是我们努力了，真的很努力了，我们书写的不仅是传奇，更是一段历史。在那本厚厚的18班典藏中，有我们每个人的故事。精彩、刺激、感动、耐人寻味。这一刻，结果已经不那么重要，重要的是我们经历过，一起走过，足够，足矣！

还记得初一的中秋聚会吗？仿佛这一切都在昨天刚刚发生，那时我都还喊不出你们的名字，但是青涩的脸庞和自信的笑容让我对这个班级充满了期待。俏皮的水饺，诱人的饭菜，各显神通的才艺，温馨动情的家庭介绍，还有那根摇晃晃的拔河绳，第一次我们所有人的劲作用在了一起，我们所有人的心被这有形的、无形的绳连在了一起，从此再也没有分开过，希望永远都不要分开。

很是意外，就在那天，我们认识才一周，你们突然奔向我，把我围在中间，我笑得不那么自然，但是却无比的香甜。从那以后我们再也没有停下继续追着理想的脚步。朝阳湖的亲子活动、川剧院的精神盛宴、茶馆里的品味家常、赛场上的拼搏冲刺。你们留给自己的是成长，留给青春的是铭记，留给我的是绵长的回忆。我可能一辈子都回味不够。

那天，我和你们一起穿着班服，我还戴了红领巾，站在队伍的最前面。我用余光看了你们一眼，和着"团结奋进齐努力，不蒸馒头争口气"那响彻云霄的呐喊，我从来没有这样自信地迈着步子。身后这群可爱的孩子们呀，那一刻我真的好幸福，当四周响起热烈的掌声时，幸福的笑挂满嘴角，激动的泪流进心里。你们知道吗？我一直想和我的学生一起跳个舞，是你们圆了我多年的梦，虽然只有短短的一分钟。

但是从那一天起，我知道，这个集体是一个也不能少的。刘涛、高永昊、倪陈娇智、娄嘉兴、龙婷、刘益好，还有所有的孩子们，不要忘了18班，我们是一家人，永远，永远。

从四学会到文史探究，我说你们长大了，懂得去关心别人，去爱身边的人了。建川博物馆的豪情壮志、龙腾基地的袅袅炊烟、竞赛场上的沉着机智、

金沙遗址里浮动的背影，我与你们为伴，我也不服老，我愿意陪着，如果有机会，还愿意继续陪下去。从欢乐谷回来，我躺在床上认真整理这海量的照片，那样的夜晚这三年不知道有多少次，就那样一个人傻笑，一个人偷乐，然后一个人伴着灯光在半夜为你们写博客。三年，一千多篇博客，为你们每天坚持。有人说真佩服我的毅力，其实真的不需要毅力，如果我觉得是痛苦的，我可能早就放弃了！我愿意写，而且每天都感觉有好多话想说，说给你们，也说给我自己。

在欢乐谷，那天，是我这三年难得的一次惬意，背着苏爸爸临时借给我的相机，一个人在园子里起码走了十多圈，那一刻，我的眼里只有18班，我仔细地找着你们每一个人，虽然汗水打湿了我的背，但是能够记录下你们的笑脸，然后一个人在竹林后的长椅上偷乐上好一会，我已经是相当满足了。还记得吗，那天我在脸上画了一个海豚，还写了一个18，后来好多人都写了，这个数字，会陪伴我们一生，因为那段最宝贵的青春定格在了这个并不起眼的两位数上。

这三年我们搞的活动太多、太多，还记得每年教师节我们抽签去给老师们送小礼物，还非得要拍照才能交差吗？还记得每年妇女节我们偷偷给妈妈准备的惊喜吗？还记得每年春节我们对着摄像机大胆表达自己的爱吗？还记得初三那块挂满了我们笑容，旁边还有我们每个人签名的黑板吗？这三年，改变了我们太多太多，也让我们收获了太多太多。

三年里最让叶老刻骨铭心还是那次军训。你们每天看我背着一个包，你们知道有多重吗？军训六天，我从未放下过它，里面有相机，我要随时拍照，里面有电脑，我要随时发博客。那六天我没有离开过操场半步，当所有老师外出旅游的时候我依然选择了在操场的台阶上默默地注视着你们。只要你们的父母想要看看你们，我会马上跑过去给你来个特写然后发给他们，让他们安心。当时你们分布在六个不同的方队，当你们在抱怨辛苦的时候，孩子们，你们算过我每天为了能让你们尽可能多的看到我，觉得叶老在身边，我要走多少路吗？经常我的脚后跟痛得我只有不停地用脚去敲打地面，这样才可以稍微好受点。有一天一个同学对我说，叶老，我们班有一个方阵只有两个女生，他们说上午没有看到你。那天下午我就一直坐在最靠近她们的台阶上，陪伴着，注视着，叶老做不到最好，但是我真的在努力地去做。每天晚上你们睡觉以后，我都要整理上千张的照片，为了保证每个孩子每天都能在博客上露脸，选照片往往要弄好几个小时，对着名单一个一个勾名字，我知道你们的父母有多么的想你，这是我唯一能为他们和为你们做的。山上没有网络，筱瑜妈妈借给我的无线上网卡，但是因为信号不好，网速超慢，好几个晚上我是发了一个通宵的照片，第二天依然要继续陪伴。我真不知道是不是该告诉你们这些，我怕不说就没有机会了，那些天你们感觉我比教官还要凶，帮助他们监督你们，临走时我看着你们和教官依依不舍，我真的不知道这三年我留给你们的是什么形象，有时候我真的好害怕你们恨我，很怕很怕，我说的是真心话，很怕，很怕。

进入初三，感觉一下子气氛变了。我们都变得焦躁、烦闷、有点喘不过气来。我看着心里着急，但是我真的不知道怎么去更好的帮助你们。我给你们说，熬也是一种幸福，倒计时一百天怎么转眼就过去了，其实我还想再和你们继续熬下去，熬得浓浓的，熬得更有滋味。

我喜欢陪你们一起熬！地理、生物会考的时候，放学后我们坐在楼梯上背书，还有印象不？我像仰望一座高山一样仰望着你们。体育会考我陪着一起压腿，一起跑步，甚至坐在你们背上，折腾两下。考试那天我们击掌打气，看着你们一个个自信地走进考场，我能做的还是陪着。不知道你在冲刺的时候听到我的呐喊没有，我希望你们都能听到，明白有一个人虽然平时很凶，但是一直在给你们加油，从来没有停过。

突然我觉得好害怕，好害怕！

也许三年来我们没有一次真正的袒露心扉，但是我相信这个世界上你们比任何人都更加懂得我，了解我。

18班的孩子们，我很舍不得你们，很舍不得！

是到要说再见的时候了！我该要祝福你们，还是挽留你们！说句心里话，真的，64个人，一个都舍不得！那些三年来帮我分忧的孩子，我舍不得，感谢你们，感谢你们对叶老的支持，感谢你们在叶老忙得昏天黑地的时候，是你们给我一丝欣慰。那些三年来不断和我"较量"的孩子，我同样舍不得。那

葡萄架下的眼泪、那真情流露的检讨、那歇斯底里的怒吼更是让我刻骨铭心，让我更加回味。我不讨厌任何人，今天，我甚至想给你们说——对不起。我会继续陪伴着你们，关注着你们，但是以后不会再是教训的语气了，希望我的微笑带给你们更多的鼓励，更多的动力。

是到要说再见的时候了！我该流着泪和你们说道别，还是微笑着期待你们未来更加精彩。我还是会选择哭的，你们知道我爱哭！还记得这三年我当着你们哭过几次吗？有感动的、有悔恨的、有难过的，那泪水已经凝结成一个个美好的回忆，一个个美好的心愿，哭过的人，才真的懂得哭的意义。这一刻，哭不丢人，我也不愿意去控制，因为我付出了，真心的付出了，所以我哭得天经地义、哭得理所当然，哭得—— 好不舍得！

是到要说再见的时候了！通过我的录像呈现：是到了要说再见的时候了，18班的每一个同学，你们和叶老一起走进了育才，今天你们离开了，我会在这里继续坚守，坚守我们18班的精神。我会骄傲地告诉我以后的每一届学生，我有过这样一个了不起的班级，这样一个无法超越的班级，这样一个让我永远割舍不下的班级。原谅叶老的固执、原谅叶老的苛刻、原谅叶老的一切，我爱你们每一个人，有空常回来看看我。祝你们以后的人生道路越来越好，团结奋进齐努力，不蒸馒头争口气，我爱你们！

64个孩子，让我再一一喊一声你们的名字：

简婕、郭嘉寅、丁瑞寅、孔康懿、奉兰西、周劼妤、曾子文、郑雅雯、左登浩、刘益妤、姜鸿坤、管盈袖、吴学松、杨森、何雨珊、傅振林、张瑞良、高永昊、刘示霖、王乾宇、石嘉琦、雷平、刘涛、李彦廷、娄嘉兴、苏语童、钟屹涛、陈瀚翔、邓锦山、龙婷、倪陈娇智、蒋沛江、柳魏波、游传捷、曾翼超、帅育林、王鹏钦、蔡雄宇、郑鸿泰、陈佳杰、陈正阳、张寅聪、陈思宇、庄思璇、李洵美、唐雪嫣、杨晴如、官金科、罗伟嘉、赵林威、操松霖、张锐琦、范瑜、陈非又、夏启元、聂意文、黄馨怡、高诗雨、张予姝、杨涵、李梦笛、王筱瑜、马泽平、刘涛。

终于，真的到了要说再见的时候了！

家长们出席学生毕业季活动

孩子和父母互赠礼物这个环节

18班叶老自制微电影《守望》完整版

环节二："可不可以不忘记"

在班级最后相聚的时刻，给每个孩子舞台，最后的展示，也留下最后的怀念！在2016届11班的毕业典礼上，我静静地给孩子们念了一段内心独白，这是我三年来最想对他们说的话。

一盏台灯，我慢慢讲诉我们三年的故事。写这篇内心独白的过程中我数次落泪，一个小时，一气呵成，没有修改过一个字。

可不可以不忘记

原创：叶德元

2016年14日下午五点半，送完所有的孩子和家长，一个人走在回家的路上，第一次因为离别而落泪，我原本以为我是不会哭的，但是还是没有忍住。

相遇就是缘分，现在想想，除了感恩，还是感恩。缘分让我们相聚，从55个人，到57个，再到58个，中途有人不断的离开，又有人不断的加入，这三年就在这样分分合合，打打闹闹中结束了。不敢奢求这三年你们收获了什么，不敢奢求这三年我带给你们什么，叶老想说——我们一起，可不可以不忘记。

不知道从什么时候起，大家都叫你们——毛毛虫！毛毛虫是什么？或许我们最先想到的是——破茧成蝶，而忽视了它最开始是那么的不起眼。这是个漫长的过程，从忍受寂寞，到蓄势待发，毛毛虫的一生过得是那么的小心，但又充满了力量，展开翅膀的那一瞬，必定是让人惊叹的，而我呢？就是那个仰起头，带着笑，注视着你起飞，守望着你成长的人。

那天，你们在台上喊：我的呼唤，谁听见了？下面的同学一呼百应，其实还有一个声音也在回答，那就是我。从第一天我就告诉你们，我们是一条船上的人，我也坚持到了最后，从2013年8月31日到2016年6月18日一共1023天，人一生中没有几个三年，也没有几个1023天。所以我不敢忘记，也不能忘记，回忆必须要珍藏。

当一个人静下来慢慢开始回忆的时候，总愿意去想那些幸福的事情，让人感动的事情。11班，我们每学期都是学校的优秀班集体，并被评为锦江区优秀班集体；11班，我们连续四个学期在学校操行评比中年级第一名；11班，我们囊括了学校艺术节、运动会、科技活动月的全部一等奖；11班，我们的每次外墙评比都是一等奖……这些都是多么让人羡慕的成绩，每一次感恩，不仅老师们感动，我们也无比幸福！每一次外出，不仅我们积极参与，还把快乐带回分享！问候日，道歉日，关爱湿地，社区义卖，六一捐赠，川剧之旅……

三年，你还记得我从全国乃至世界各地带回来那些好吃的吗？你还记得我们给多少同学、老师在这小小的教室送去生日的祝福吗？你还记得我们和多少老师一起合影，一举相机你就赶紧爬上课桌椅吗？

三年，你还记得多少次你说起你是11班的一员而倍感自豪吗？你还记得多少次你为了11班的荣誉去努力拼搏吗？

三年，当一切都成为过去式，那间板房，那间热得我们喘不过气的板房，是否注定了我们的青春更加火辣，更加不能忘记呢？我们走进博物馆又把博物馆搬回教室，我们被爱包围又把爱传递给身边的每一个人，我们书写着属于我们自己的年代故事，又在年代秀中回味着自己的精彩，我们享受着最优质的教育资源，同时我们也能上好每一节自习、做好每一次课间操、走好中考前的每一步。优秀不是说出来的，是踏踏实实一步步走出来，做出来的。

我经常说，不在乎我在做什么，我更在乎每天和一群什么样的人在一起做什么。所以，孩子们，不是老师成就了学生，恰恰是学生成就了老师！是你们的优秀把我一步步往上推，不管是在省政府接过带有国徽的"全国模范教师"奖状，还是在中央电视台的一号演播大厅捧着"最美老师"的小铜人，我的心里都只有两个字——"幸福"。我和别的老师比，你们和别的孩子比我们都是幸福的。

11班的一个孩子写过一封信批评我，那条短信我至今收藏，她说我无能，说我喜欢哭，她说教育是不需要煽情的，老师更不是用打苦情牌来博得学生的认可。这一点对我触动很大，或许我今天不方便说她是谁，但是那篇文章

我反复读了十多遍，一直在提醒着我，或许那之后你发现我还是有点改变，是个女同学，叶老谢谢您，这些对于我来说都是不敢忘记的。

我也拜托11班的孩子们，你们也不要忘记好吗？好与不好就记住他，真的不要忘！其实之所以不忘，还因为那是属于11班的精神。11在我们心中已经不再是一个普通的两位数，每一个弯道都有11班的呐喊声，每一只毛毛虫心里都藏有一双展翅高飞的翅膀……

我们自己就是经典的创造者，而且这是只有我们自己才读得懂的经典。追求卓越、不敢放弃，已经成为我们骨子里的精神。这三年，我们有多少次的出其不意，有多少次的绝地反击，以后苦了、累了、烦了，就想想这三年，这里有你的梦想，有你前进的动力。

说到不放弃，我还要起来鞠一躬感谢我的科任团队。还记得我们初三的每一次班科会，我们的中心思想都只有一个——绝不放弃任何一个人，我们这么说的也是这么做的，有的孩子不听我的，我就请另外的老师帮我走进他。各位哥哥姐姐，11班这三年给你们添麻烦了，多少次因为我们的叛逆与稚嫩让你们生气、让你们难过，但是你们从没有放手，而你们的爱与坚持也给了我无穷的动力。如果有缘，九月我还想和你们一起战斗，孩子们，我说愿意和你们一起去熬，既然是熬，自然滋味就不一定是好受的，有时候冲突也是在所难免的。

我还记得初三上学期的一个晚上，我从办公室出来到厕所痛哭了一场，但是你问我为什么哭？我真的不知道，是自己的付出没有回报？是自己的做法孩子们不能理解？还是自己真的做错了？其实——想也没有用，但是又不能不去想，这三年，有多少个夜晚我都陷入深深的自责中。

教育是遗憾的，每一步都要我走得非常小心，有时候不经意的一句话，一个动作，甚至一个眼神就会伤害到学生，而我完全不知道，我不知道这三年我有没有，因为我可能自己都不知道。如果有，我给同学们道歉，真诚的道歉。面对人与事，面对情与理，叶老也只是一个学习者，而且这一点上我并不合格，就像初二期末那次家长会上我落着泪告诉家长们，我的性格中有非常大的缺点，我不是一个有个性的人，往往想要照顾得更多，反而伤害了更多。其实我希望孩子们以后不要像我这样，我相信——个性是一笔财富，只要用对了，不会让爱你的人伤心。

这样的个性会让你更加优秀，做一个最真实自己！

三年，我抱怨过很多次，好几次真的气得我头昏脑涨，但是，现在反而更让我放不下，以后，我不会再问你们学得好不好了，我只关心你们学得累不累！对不起！真的对不起！一笔勾销好吗？原谅我的小气，原谅我的固执，原谅我的唠叨，原谅我的蛮不讲理，因为，当你们真的要离开我的时候，我真的舍不得。

师生情、朋友情、兄弟情，让这个"情"字掩盖以前的所有不快，我也只会想你们的好，想那些我们一起快乐的日子。在白鹭湾我们骑着车，唱着最炫民族风，在川剧工作室，你们把我画得像鬼一样，还要带你们嬉皮笑脸，你们演的博物馆奇妙夜，我们98.2分，全班尖叫呐喊。我经常会收到很多同学偷偷送给我的小礼物，很多时候名字都没有，但也让我幸福好久，你们也盼着每次我出差带回来好吃的，我真的很喜欢你们一下课就到办公室来围着我，有的时候其实我刚下课，好累，好累，但是你们围着我，比我睡一会还要开心！

那些自拍、偷拍、摆拍，我都会好好珍藏，叶老的窝永远也不会关，如果九月你们发现里面的主人公换了，不要难过，往前翻几页我们的幸福就在下面，说明我们珍藏得越深，这样我们才能不会忘记。以前别人喊我叶老，我总是要解释一下，说自己还年轻，带完这三年，我现在都不敢照镜子了，我真的是老了！这些皱纹是为11班长的，我甚至知道哪一条是这三年长的，以后看到它，就会想起让我终身难忘的三年，毛毛虫们，很舍不得你们！

我不知道怎么结尾，甚至希望永远都不要结尾，就这样一直和你们聊。但是，我知道你们要飞走了，有的人，也许这一别就永远不见了，珍藏这份感动吧！你们走了，这份11班的精神让我来为你们捍卫，我在育才，和所有11班的老师们一起期待着你们回来，期盼着你们的佳音。爱你们，我的毛毛虫！

我们约定，蝴蝶漫天飞舞时，我们再相聚。

幸福11班，永远不谢幕！

当天晚上部分孩子和家长的感言：

唐飞戈：三年已经结束了，不管怎样，这一千多个日日夜夜，这一千多

个在11班这个温暖的大家庭中的日子无论是谁都无法忘却。

唐馨竹：三年了，我们毕业了。记得初一刚入学时你问过我们："你们觉得11班有什么特别之处？"我想了很久，最后觉得最大的特别之处真的只是桌子颜色不同……然后叶老接着说，3年后，要让11班在我们心中真的与众不同。3年后，我们做到了。因为我们与众不同，所以那个晚上我们大胆指明问题，质疑方法，并且因自己的冲动而真诚道歉；因为我们与众不同，所以在今晚我们难舍难分，哭着微笑。

朱思怡妈妈：不想说再见却不能不再见，我们一定常回窝看看。

左元祐妈妈：三年前，我们是素不相识的陌生人，而三年的时光，让我们成为叶老窝里幸福的一家人！愿日后大大小小的聚会能将我们依然连接在一起。

孟展达妈妈：叶老句句有爱，字字深情，戳中孩子们和家长们的泪点，三年情，永难忘！师生情，一辈子！

学生才艺展示

毕业不舍

三年了，只有一句：舍不得！

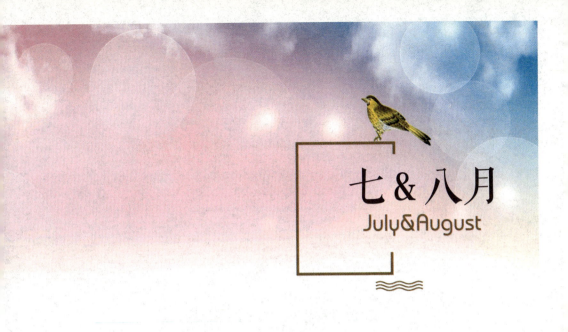

七 & 八月

July&August

　　初夏之后，便是暑假，三年的岁月，也
是三年的暑假。暑假，是一个学年的尾巴，
也是新学年的序章。我们也就是在夏天开始
聚首在一起，又在三年后的夏天背对背平
行。暑假，我们体验了很多职业，比如，服
务生、文明劝导员、销售员、小厨师等。就
像英国现代著名作家毛姆所说，将来会怎么
样，我根本不会考虑。要是成天想着今天，
愁着明天，生活还有什么意思呢？就是事情
糟糕到无可再糟的地步，我想总还是有路可
走的。那些我们职业初体验的日子，我们体
验了各个工种，对生活有了感悟，对当下也
有了清楚的认识。

2013届18班学生：杨淼

特色活动二十一、假期生活

读万卷书　行万里路

活 | 动 | 背 | 景

最好的教育就是陪伴！即便是放寒暑假，我也喜欢陪伴着孩子们，因为在一起就会有教育发生！所以我们一起去了云南、上海、朝阳湖、欢乐谷，看了电影，唱了歌，跳了舞，还骑了自行车……

除此之外，我们还可以对活动加以设计，丰富孩子们的假期。同时，根据不同的年龄和学段，提供不同的活动菜单，让他们在"玩"的过程中成长。这些活动还可以利用社会资源、地域资源、家长资源，走向规范化、课程化、日常化，成为学校课程设置的一部分。

活 | 动 | 创 | 意

根据学生不同学段的特点，我设计了以下四个主题活动，供大家参考，大家可以在这个基础上根据学生特点结合学校特色自主设计。

首先，第一个活动是我当三天家。这个活动可以在寒假或者暑假举行。比如，寒假还可以和我们的"传统中国年"的活动相结合，让学生自主当家，从采购、准备饭菜、打扫清洁、规划费用等多个维度让学生体验当家的酸甜苦辣，体会到劳动与分享的乐趣。

班级户外活动合影

　　其次是职业初体验。这个可以在初二年级开展，目前职业规划教育在全国都是热门的话题，但是在"规划"之前，孩子应该首先对不同的职业有所了解，只有通过参与体验，才能更好的规划。不同的孩子在不同的体验中收获也不同，体验的过程本身就是一种教育。

　　再次就是人生规划书。这个活动可以在初二升初三的时候开展，孩子通过对自己的人生进行思考，对高中、大学、职业，甚至婚姻、理财、育子等方面进行规划设计，父母也充分参与其中给予指导，对于马上要进入毕业班的孩子是一种精神上的激励，没有目标就没有方向，自然也就不知道自己应该怎么努力。

　　最后就是我与您相约。这个活动可以放在初三寒假举行，孩子通过走进自己心仪的高中、大学，利用假期来一场美丽的邂逅。这对于最后冲刺的初三学子不仅是一种激励，还是唤醒学生内心觉醒的一种方式。

活|动|设|计

 环节一：我当三天家

下面是2017年春节"我当三天家"活动方案，我们以"祥和中国年、我当三天家"为主题，完整地呈现了中国年期间学生们在家当家的过程。

【活动设计】

活动内容	活动任务	活动记载
第一天：劳动最快乐	1. 传统中国年的习俗中"二十四、扫尘日"，就是说打扫干净屋子，迎接新的一年。清理家中所有房间，包括整理物品、打扫清洁，干干净净过新年。 2. 清洁完成后，采购对联、中国结、红灯笼等物品，也可以自己完成一幅"鸡年画鸡"或"鸡年写鸡"的作品，把家中布置得有新年的气氛，热热闹闹迎新年。	请将家中清洁、布置的前后效果、完成的过程各拍摄一组照片进行记录，以备办小报使用。
第二天：孝心最暖心	1. 早晨：叫父母起床，给父母准备好早点。 2. 上午：采购一天内家庭生活所需物品（如蔬菜、肉类等）。 3. 中午：准备午饭、收拾碗筷。建议学习制作一道传统的中国春节传统美食，比如包水饺、做汤圆、或者参与制作年夜饭。 4. 下午：父母下班前为父母泡好热茶，削水果；准备较丰盛的晚餐，从采买到洗切、烹饪、餐后清洁全部独立完成。 5. 晚饭时：同父母交流自己当天的劳动感受。 6. 晚饭后：收拾碗筷后陪父母散步半个小时，向父母汇报自己一天的学习收获。 7. 睡前：为父母准备好洗漱所需物品，提醒父母注意身体。	请将过程和结果进行拍照记录，以备办小报使用。做传统美食最好有视频记录。
第三天：感恩最美丽	1. 选购一份礼物给长辈，要求事先做调查了解。这份礼物应该是长辈喜欢的、需要的。购买过程中货比三家，亲自挑选。在团年饭时，赠送给长辈并且给长辈敬酒（由饮料替代），事先想好祝酒词，表达内心的感恩与祝福。 2. 为关心、帮助过自己的人，如昔日恩师等送上电话或者短信祝福。 3. 为自己小区的好邻居或者保安叔叔、清洁阿姨送上自制的小卡等新年祝福。	建议拍摄下礼物及选购情境，注明购买原因，写下祝福的话，记录下感恩祝福的瞬间，以备办小报使用。

第四天：完美假期计划先行（选做）	1. 设计一次家庭出游。综合考虑地点、路线、所带用品、费用预算，尽可能独立完成订酒店、订餐等事务，让家人感到舒适、实惠。 2. 为全家设计合理的健身计划，如跑步、做操、球类运动、游泳等，寒假中至少陪同家人进行一次2小时左右的运动。	需用文档展现出计划内容，写好说明。可拍摄记录全过程，以备办小报使用。

活动最终成果展现

1. 小报：以上所有活动的过程、感受、成果都用一张自己办的小报呈现。具体要求如下：（1）大小等同于两张并列的A4纸，单面；（2）板块分明，除了包括上述各活动过程之外，还要包含对整个活动体验叙述的"活动总结"以及"家长寄语"；（3）版面设计合理、美观；内容生动、真实，要求图文并茂。

2. 传统中国年：（1）上交"鸡年画鸡"或"鸡年写鸡"的作品，并附上一张家庭展示作品的全家福，体现浓浓的过年氛围;（2）上交"传统春节美食"制作视频，可以配上字幕或者解说。

【活动要求】

1. 与父母共同制订实践活动的计划，如时间安排、预计费用等，提前做好准备。

2. 请家长把活动所需的费用交于孩子管理和分配，让孩子学会理财（请家长根据具体情况安排）。

3. 既要当好家长，又要协调好寒假作业时间；活动重在体验，提醒一定注意安全。

4. 报到注册当天，小报成果由班级统一收齐。开学初，各班将召开主题班会交流"当家"感受，根据学生小报、传统中国年活动，以及家长的反馈意见，评选5~10名"我当三天家"社会实践先进个人，接受学校表彰。

这是我们班在一家韩国料理店参加社会实践的同学的合影

《我当三天家》小报展示

环节二：职业初体验

　　学生们走出学校，"走近一个职业、体验一个星期、掌握一门技能、感受一种文化"。通过这次活动能找到职业的乐趣，认识到每一份职业都是每一个社会人平等参与社会分工的体现，也在活动过程中发现自己的职业兴趣与志向、挖掘自己的潜在能力、锻炼自己的胆量、增强自己的创新意识。下面是2016届初二假期的社会实践活动方案呈现。

> 【活动第一阶段】——职业认识
>
> 1. 你长大以后的职业梦想是什么？你了解这个职业吗？
>
> 2. 调查当今社会最热门的十大行业，他们各有什么特点呢？
>
> 3. 对于你心仪的职业，你觉得从现在开始，我们应该从哪些方面培养自己的能力呢？
>
> 【活动第二阶段】——职业体验
>
> 走进一个行业，穿上职业服，用一周的时间真切体验，并完成我们的体验展示卡。
>
> 【活动第三阶段】——职业预言
>
> 有网友归纳了2014年最有"价值"的十大新兴行业，分别是网络写手、同声传译、首席微博运营官、3G工程师、精算师、产品定制师、电影试片员、职业差评员、现场速录师、短信写手。通过这个暑假的职业体验活动，大胆预言到了我们2023年大学毕业的时候，中国最有"价值"的新兴行业可能会有哪些？

那年，我简单统计了我们班同学参加的体验职业：

冯乐妍（图书室管理员）、孟展达（档案管理员）、钟琳（青少年服务中心助理）

曹俊珑（餐厅服务员）、向索祎（发放传单）、白宸（医院护理）

程滟斯（餐厅服务员）、何宗霖（餐厅服务员）、王云灏（餐厅服务员）

孟展达（档案管理）、景一航（餐厅服务员）、白昊（餐厅服务员）

孙一啸（美国游学）、蒲琬淇（餐厅服务员）、李夷（餐厅服务员）

王沐可（餐厅服务员）、牛睿杰（电脑工程师）、唐飞戈（电视台采编）

朱思怡（餐厅服务员）、贾了佳（餐厅服务员）、郝浩然（餐厅服务员）

周欣彤（电信和服装导购）、陈泽邦（图书管理员）、王彬宇（家禽养殖）

伍海韵（餐厅服务员）、徐子寒（公司会计）、黄靖婷（锦江区图书馆管理员）

王程谦（餐厅服务员）、张一智（餐厅服务员）、贺星皓（餐厅服务员）

杨涵（餐厅服务员）、樊竞海（尚作有机生活馆员工）、孙涵琦（省医院护理）

戴语轩（发放传单）、张梓晗（石油通信收费员）、王诗琪（DQ招募员）

周子添（餐厅服务员）、李一可（幼儿园助教）、陈浩健（餐厅服务员）

陈昭（工厂实验员）、唐馨竹（冰雪皇后服务员）、刘紫杨（餐厅宣传员）

张北斗（餐饮店服务员）、钱嘉杰（齿科助手）、曾梓健（工人农民）

陈靓（教师助手）、李心童（电力工人）、杨紫琪（软件公司助理）

尹沫文（餐厅服务员）

学生在韩国料理店参加社会实践，为我送爱心便当

　　这是一张让我非常感动的照片！暑假的一天，我在单位加班。中午临近午饭时间接到一个电话。几个11班孩子问我在哪里？吃饭了吗？还没有等我说完电话就挂了，十多分钟以后，他们来到了我的办公室，给我送来韩国便当。孩子们告诉我，他们在一家韩国餐厅参加"职业体验"活动，今天他们的任务就是中午送外卖。

 环节三：我的第一份人生规划书

　　一个人不能没有生活，而生活的内容，也不能使它没有意义。做一件事，说一句话，无论事情的大小，说话的多少，你都得自己先有了规划，先问问自己做这件事、说这句话有没有意义？做出规划，今天所做的事情是为了我们有更好的明天。未来属于那些在今天做出明智决策并有目标前行的人们。下面我是为初2016届11班在初二升初三的暑假设计的人生规划书：

成都七中育才学校初2016级11班

我的第一份人生规划

规划时间：2015年　　月　　日

我叫：　　　　　　　　　性别：

学号：　　　　　　　　　生日：

我的性格：　　　　　　　我的爱好：

我的优势学科：　　　　　我的薄弱学科：

我已经具备的能力：

我还需要加强的能力：

贴照片处

【学业规划】

1. 高中阶段

我心目中的第一理想高中是：　　　　　　　　2015年录取线是：

这所学校的校训是：

选择它的理由是：

冲刺理想，目前我最大的障碍是：

未来一年我的努力方对于这份"高中阶段"的计划，家长打分（满分10分），家长建议

2. 大学阶段

我心目中的第一理想大学是：　　　　　　　　2015年录取线是：

我最喜欢的专业是：

选择它的理由是：

我理想的大学生活是：

对于这份"大学阶段"的计划，家长打分（满分10分），家长建议：

【事业规划】

我最理想的第一职业是：

这个行业现在应具有的文凭：

选择理由是：

这一行业应该具备的最起码的能力：

目前我还存在哪些能力上的欠缺，怎么去弥补？

对于这份"事业规划"的计划，家长打分（满分10分），家长建议：

【理财规划】

1. 学生阶段：目前我一个月的平均零花钱是：

主要来源：

我的主要支配：

2. 工作阶段：我理想的一个月收入是：

哪些行业可以提供：

最起码的学历要求：

应该具备的能力：

我的主要支配：

3. 假如我有了我人生中的第一个1000万，我会怎么支配？

【远景规划】

1. 我心中的另一半应该是什么样的？

2. 我希望把我的下一代培养成什么样的人？

对于这份"理财与远景"的计划，家长打分（满分10分），家长建议：

232

这份人生规划，从学业规划（高中、大学）、事业规划、理财规划、远景规划四个方面去深度思考，我看到学生们上交的规划书，我看到了学生们的成长，不仅是在分数上，还有理性的思考，我选择了我们班人生规划中的部分题目，进行了整理（部分）：

目前月零花钱：没有、50元、80元、100元、400元。

主要支配：公交、买书、买文具、零食，买游戏、花卉、礼物、看电影。

工作以后你理想的收入：2000元、4500元、7000元、10000元以内、二万五，五万 。

主要支配：孝敬父母、存起来、养老、买衣服吃的、还贷款、旅游、给孩子们的补习费、汽车油费、医疗、教育。

如果你有了1000万，你会怎么办：做慈善，资助山区孩子、买书、买房、买车、存起来、入股再投资、开店创业、给父母、带父母环球旅行，来一趟说走就走的旅行、改善我的家庭，下一代的教育基金，投资教育办学校，做实验室、建立自己的工作室。

你心中的另一半（择偶标准）：善良、真心、一颗不老的心，事业型、男孩子气有责任感，开朗有共同爱好.

你希望你的下一代是什么样的（育子目标）：爱国不忘历史、喜欢传统文化、有一个特长就好，有责任心，有思想还要有行动。

我想，当我们在想要一个什么样的另一半的时候，其实别人也是在选择我们，很少有同学写到颜值，人品被绝大多数同学放在了第一位，所以我们自己的人品也决定了我们以后的选择面。再看我们的育子计划，最让我感动的是一位妈妈的留言：真正的有钱人，不以物质炫耀，而是低调的善良！真正有爱的人，已经忘记了颜值，深深地懂得爱背后的责任。

 环节四：与您相约

几年后，我们绝大多数人都将去往一个名为大学的地方，在我们初二升初三的暑假中，或许我们可以抽空去我们现在想去的那个大学看看，以下是我们学校2015届在初二升初三的暑假活动。

1. 实践活动目的：走进理想。利用暑期，走进你理想的高中、大学，共三所。
2. 实践活动地点：

   学校一　　　　　　　时间

   学校二　　　　　　　时间

   学校三　　　　　　　时间
3. 实践活动策划：例，为什么会选择这三所学校？你如何安排此次活动？
4. 实践活动内容：用文字记录你美好的校园之行！每所学校不低于300字！

我的建议：世界那么大，一定出去看看

读万卷书，行万里路。寒暑假用眼看、用耳听、用脑思、用笔记。如果没有外出的打算，与其让孩子成天观看一些漫画或者玩一些无聊的游戏，不如带着孩子一起看些励志电影，让孩子在暑假放松玩耍的同时，还能对孩子的成长有正面的影响，引导孩子正面的思考，对培养孩子的良好性格也会起到潜移默化的作用。

滑冰

走进丽江

走进世博

走进朝阳湖

走进川剧院

田间采风

体验盲人生活

公益活动

推荐电影：

1.《荒岛余生》，我最喜欢的电影之一，汤姆·汉克斯主演，在我最低谷的时候给了我巨大的力量。

2.《风雨哈佛路》，一个最贫困的哈佛女孩从不退缩的奋斗，看完让人满身温暖。

3.《听见天堂》，一个热爱电影的盲童选择了用耳朵代替眼睛，去记录他生活的点点滴滴。

4.《卡特教练》，一个篮球教练率领一群看不到出路的孩子们为梦想作战。

5.《追梦女孩》，碧昂斯主演，3个黑人女孩踏上充满未知的星途，最后获得成功的故事。

6.《阳光小美女》，充满亲情温暖的励志片。

7.《闻香识女人》，阿尔帕·西诺主演，里面的一曲《一步之遥》探戈舞曲奏响生命的热情。

8.《放牛班的春天》，即使是被社会遗忘的孩子，也有可能绽放生命的光芒。

9.《荒野生存》，一个理想主义者的传奇，一个流浪的故事，每一步都充满了艰辛，以坚韧的毅力，实践着寻找自我的梦想。

10.《当幸福来敲门》，威尔·史密斯难得的非商业电影，和儿子一起出演，很有噱头，而且很励志，很好看。

11.《黑暗中的舞者》，拉尔斯·冯·特里厄的歌舞经典作品，一部别出心裁且唯美感性的歌舞片，有一点浪漫，也有一点灰色，但是却充满力量。

12.《心灵捕手》，马特·戴蒙和本·阿弗莱克俩哥们的剧本，罗宾·威廉姆斯出任绿叶，一个天才少年的非典型成长片。

13.《永不妥协》，茱莉亚·罗伯茨借此片获得影后，十分真诚的励志电影。

14.《死亡诗社》，罗宾·威廉姆斯主演的经典励志电影，还是扮演一个春风化雨的老师，绝对推荐。

15.《百万宝贝》，奥斯卡最佳影片，克林特·伊斯特伍德导演，一个女子拳击手的奋斗里程。

16.《跳出我天地》，一个11岁小男孩破除重重阻碍追求梦想的芭蕾之路。

　　三年，孩子说：时光一晃而过，过程如此珍贵，也如此快乐，离开叶老的窝，我将用自己去点亮整个世界！

　　三年，家长说：我和孩子从未如此用心的生活过，三年见证了他们从幼稚走向成熟，见证了他们破茧成蝶的蜕变！

　　三年，我说：爱要大声说出来！

　　这就是叶老和孩子们幸福的窝。

微信公众平台
叶德元班主任工作室

博客
叶老的窝